LA DUCHESSE

DE

KINGSTON.

III.

LA DUCHESSE

DE KINGSTON,

OU

MÉMOIRES

D'UNE ANGLAISE CÉLÈBRE

MORTE A PARIS EN 1789,

RÉDIGÉS PAR M. DE FAVROLLE.

TOME TROISIÈME.

A PARIS,

Chez LEROUGE, Libraire, Cour du Commerce, faubourg Saint-Germain, quartier Saint-André-des-Arcs.

1813.

gnols, ou bien cette nation permettra-t-elle

LA DUCHESSE

DE

KINGSTON.

Le Lord ne pouvant supporter l'air de dédain dont Lady accompagnait ces mots; par un mouvement bien extraordinaire, avec un caractère aussi doux et aussi calme que celui du Lord, il prend un vase de bronze qui était sur sa cheminée, et le jeta contre la glace qui se rompit en mille morceaux; un vint frapper la Duchesse au bras et y fit une légère coupure; mais comme elle avait la peau extrêmement

Tome III.　　　　　　　　　I

fine, le sang jaillit aussitôt. Alors le Duc désespéré, tombe aux genoux de sa femme s'empresse à refermer avec ses lèvres cette plaie, qu'il croit bien plus considérable qu'elle ne l'est. Elizabeth repousse ses soins, dit qu'elle a un nerf de coupé, qu'elle perdra le bras ; qu'il est douloureux pour elle de se voir la victime d'une brutalité sans exemple. J'ai tort, disait le Duc, on l'a toujours quand on se laisse entraîner à la colère ; mais c'était contre moi, je n'avais nulle intention, madame, de vous faire le moindre mal, moi qui donnerais ma vie, si en la perdant je pouvais embellir la vôtre. — Non ; car je ne pourrais pas me remarier. Ce mot, au milieu du grand pathétique du Duc, fit un si plaisant contraste, qu'il ne pût s'empêcher de

rire. La Duchesse en fit autant et dit:
de tout ceci le plus grand malheur est
votre glace cassée. Elle était belle! aussi
quelle folie de graver ces vers dessus.
Ils n'existent plus, c'est dommage,
ils m'ont paru bien faits et vrais. —
Dès qu'ils vous ont déplu, ils méritent
l'oubli le plus profond. — Ce ne sont
pas les vers, mais le sentiment qu'ils
expriment ; et si vous m'en croyez ....
— Mais, Madame, est-ce encore une
querelle ? je croyais celle-ci finie : si
votre intention, Madame, est de passer ainsi votre temps à chercher des
sujets de dispute, vous en êtes la maîtresse ; quant à moi je les hais, et vous
prie de me permettre de descendre dans
le jardin pour faire avertir un chirur-
gine ; votre bras saigne toujours. — Entre nous soit dit, je crois que j'en mour-

rai , ou au moins que je perdrai le bras.
Tant mieux, dans la première hypo-
thèse je serai débarrassée de l'ennui
de vivre, dans la seconde j'aurai le
plaisir de dire à tout le monde que
c'est vous qui en êtes cause. Le Duc
cessa de l'écouter, descendit et fit venir
un chirurgien. La Duchesse n'ayant
plus personne à faire enrager, remonta dans son appartement où le Duc
vint avec l'Esculape. Celui-ci trouva
que cette plaie si effrayante n'était
qu'une légère écorchure, et mit pour
la forme une compresse avec de l'eau
de boule , et promit de revenir le soir
lever l'appareil.

La Duchesse écrivit à miss Asch et
à milady Harrington qu'elle avait les
choses les plus importantes et les plus
douloureuses à leur raconter, et qu'elle

les attendait pour verser dans leurs cœurs la douleur qui la dévorait. Elles arrivèrent, trouvèrent Milady sur une ottomane, le bras en écharpe, pâle, parce qu'elle n'avait point de rouge, la voix entrecoupée, et paraissant retenir ses larmes. Qu'avez-vous donc, lui dirent-elles avec une vive inquiétude?—Vous voyez la plus malheureuse des femmes, voilà l'état où il m'a réduit.—Qui?—Le Duc.—Cela n'est pas possible. Que s'est-il passé? Alors après leur avoir fait jurer de garder le plus profond secret, car, dit-elle, je ne veux pas que le public soit instruit de ses torts, et que sur-tout lord Hervey les apprenne, j'en mourrais de dépit: au bout de six mois de mariage se conduire ainsi! porter la brutalité jusqu'à se mettre dans une

telle fureur qu'il a cassé une glace de
grand prix dont les éclats m'ont couverte, et un m'a blessé au bras très-
grièvement. — Mais le sujet de cette
étonnante querelle? —Trop de sensibilité de ma part. Il avait gravé sur
cette glace des vers qui m'ont tellement
frappée que les voici ; et elle leur rendit à l'instant ceux que l'on connaît.
J'ai trouvé que c'était un aveu tacite
de son inconstance. Je m'en suis plaint
avec douceur. Loin de se justifier, il
a été furieux que j'eusse pénétré son
secret; rien n'a pu le calmer, et sa colère, comme vous le voyez, s'est portée
au dernier excès. Loin de m'en marquer le moindre repentir, il m'a lais-
sée seule dans son cabinet, j'ai remonté
dans mon appartement. Mes femmes
ont été singulièrement effrayées en me

voyant couverte de sang. On a été
chercher un chirurgien qui m'a pan-
sée, et qui croit que je ne serai point
estropiée. Dites-moi, je vous prie, que
pensez - vous d'une pareille scène ? —
Que si ce n'était pas vous qui me le di-
siez, je ne pourrais le croire. Mais il
ne faut pas vous affecter ainsi. — Vous
êtes bien bonne aussi, depuis six mois
vous vous consacrez entièrement à
l'amour conjugal ; on ne vous voit
presque plus dans le monde. Revenez
embellir la société. Les hommes sont
ainsi faits, quand le Duc vous verra
occupée de lui, il le sera davantage de
vous. Guérissez - vous promptement
de votre blessure, et affectant un ton
entièrement dégagé, qu'il ait à peine
le temps de vous apercevoir. S'il
vous aime encore, il sera si doux, si

empressé que vous le gouvernerez comme un enfant ; s'il ne vous aime plus, que risquez-vous, que de jouir de la vie trop courte, hélas ! pour ne pas la semer de plaisir, lorsqu'une grande fortune et un beau nom vous en donnent les moyens.

Tout ce que ses chères amies disaient à Elisabeth elle le pensait il y avait long-temps, et elle ne cherchait qu'un prétexte pour se livrer à son goût pour la dissipation.

Les trois belles firent donc le plan qu'elles devaient suivre, et comme effectivement la blessure de Milady n'était rien, quatre jours après Elisabeth reparut à la cour. Le Duc avait, pendant le temps qu'elle était restée chez elle, inutilement voulu se raccommoder ; elle avait repoussé tout ce

qu'il avait tenté pour lui témoigner
son amour. Bientôt madame de Kingston oublia que c'était à son mari
qu'elle devait l'éclat du rang et de
la fortune ; elle en jouit avec une sorte
de fureur. Les fêtes, les concerts, les
bals, les jeux sur-tout employaient
tout son temps ; il ne lui en restait
point pour son époux, qui, malheureux au sein des grandeurs, par les
caprices de celle qu'il avait choisie pour
sa compagne, employait inutilement
tous ses soins pour retenir un cœur
où il s'était flatté de régner. On ne
recevait plus les témoignages de ses
transports qu'avec ennui, ils paraissaient insupportables et plus encore
ridicules. Jamais deux caractères plus
opposés ne s'étaient trouvés réunis. Le
Duc était d'une santé faible, ce qui lui

donnait de l'éloignement pour les exercices violens. Il aimait les arts, les lettres, et une vie paisible et douce eût été son souverain bonheur. Milady, douée de la santé la plus brillante, d'une force supérieure à son sexe, ne pouvant rester en place, aimant la chasse, les voyages, et ne redoutant que le calme et le repos, il n'était pas étonnant qu'avec une telle opposition de mœurs et de goûts ces époux cessassent entièrement de s'aimer ; et craignant tous deux la censure publique, ils s'efforcèrent de dissimuler leur indifférence; mais ils se haïssaient, quoiqu'ils eussent dans la société de mutuels égards. Cette contrainte rendait leur société plus pénible, et à chaque instant ils étaient prêts à se déclarer le désir secret qu'ils

avaient de se séparer, lorsque des circonstances firent connaître à Lady
un bonheur dont elle n'avait point
d'idée.

On se rappelle que, lorsque Lady
partit pour l'Allemagne, Polli ne l'y
suivit point. A son retour, Milady
l'engagea de venir la joindre à Londres, mais Polli lui répondit que sa
mère était trop âgée et trop infirme
pour qu'elle pût la quitter. Mistriss
Kepled avait été en effet attaquée d'une
paralysie peu de temps après que Miss
eût passé à Plymouth. Elle languit
quelques années, pendant lesquelles
sa fille lui donna les soins les plus
touchans; elle ne quittait point le che-
vet de son lit, lui donnait de sa main
tout ce qu'elle prenait, et n'ayant d'autre amusement qu'un fort beau per-

roquet, que son frère, celui dont miss Chudleigh avait mis les habits, lui avait fait présent; et pendant cette maladie, Polli reçut chez sa mère le chevalier Barkle. Touché de voir une jeune et aimable personne se sacrifier entièrement à la piété filiale, il prit un sincère attachement pour elle; de manière qu'après la mort de madame Kepled, il demanda à Polli sa main. Cette jeune personne avait, dans la solitude et dans les exercices des vertus, mûri sa raison : aussi ne balançat-elle point pour répondre à l'honneur que le chevalier Barkle lui faisait en la demandant en mariage, malgré qu'il eût quinze ans de plus qu'elle, et qu'une blessure qu'il avait reçue à bord d'un vaisseau qu'il commandait le rendît boiteux; elle savait

que c'était l'homme le plus vertueux ;
que sa fortune, sans être considérable, lui assurait un sort tranquille ;
que, vivant toute l'année à la campagne, elle pourrait faire du bien aux
pauvres habitans des terres du Chevalier, et sur-tout élever ses enfans,
si le ciel lui en donnait, dans un air
pur et loin des vices de la capitale.
Tout se trouvant réuni dans le chevalier Barkle, excepté ce que les jeunes personnes préfèrent ordinaire-
ment, la beauté et la jeunesse, elle
ne mit d'autre délai au bonheur de
M. Barkle que celui qu'exigeait la
décence pour le temps du deuil de sa
mère. Au bout de trois mois elle pro-
nonça le serment d'être à lui pour
toujours, et depuis ce moment rien
ne troubla son bonheur. Mère de

quatre enfans beaux et de la plus par-
faite santé, elle était aussi heureuse
mère que respectable épouse. Il y
avait quinze ans qu'elle était mariée
lorsque le hasard conduisit madame
de Kingston dans les environs de la
terre du chevalier Barkle. Elle était
partie d'une maison qu'elle avait près
de Londres, à la suite d'un cerf; elle
arriva, excédée de fatigue, au bord
d'un joli étang, où le cerf se fit prendre.
Le bruit du cor, l'aboiement des chiens
attirèrent l'attention des maîtres de
la maison bâtie sur le bord de l'étang;
ils descendirent pour se trouver à la
mort du cerf. Malgré que Lady fût
très-occupée en ce moment, elle remarqua cependant une femme d'une
figure agréable, et qui ne lui était pas
inconnue, donnant le bras à un vieux

militaire et entourée de quatre enfans,
dont l'aîné avait treize à quatorze ans,
et le plus jeune cinq à six. Cette
femme, de son côté, ne put mécon-
naître la belle miss Chudleigh, dont le
temps avait respecté la beauté. Elle
s'approche d'elle et la salue, Milady
s'écrie, quoi, Polli! serait-ce vous? —
Oui, c'est moi; par quel bonheur,
Milady, vous vois-je ici de nouveau?
— En suivant la chasse. Mais vous,
Polli, vous êtes donc mariée? Est-ce
à vous que sont ces beaux enfans?
— A moi, et voici mon époux, en lui
présentant le chevalier Barkle. Eli-
saheth. le trouva vieux et laid, et elle
conclut de là qu'elle devait être malheureuse, cependant elle était encore
fraîche et belle, et la sérénité régnait
sur son front.

M. Barkle invita Milady à venir se reposer chez lui. Milady accepta, étant fort curieuse de savoir comment miss Kepled était devenue la femme d'un baronnet. Aussitôt Polli donna des ordres, et toute la suite de Milady fut reçue dans la maison de M. Barkle, et on leur versa du porter, tandis que Mistriss conduisit celle dont elle avait été la compagne d'enfance dans un charmant parloir.

Le thé était prêt ; Eugénie, fille aînée de Polli, le servit avec infiniment de grâces, et madame de Kingston ne se lassait point d'admirer la propreté et l'air d'aisance qui régnait dans cette maison.

O, ma bonne Polli! dit Elizabeth à mistriss Barkle, qui m'aurait dit que vous étiez dans une situation aussi agréable?

agréable? comment se fait-il que vous ne m'ayez pas fait part des événemens qui ont changé ainsi votre position ? — Ma chère Lady, il me semble que je pourrais vous faire le même reproche, je n'ai su que par le *London-Chronicle* votre second mariage; êtes-vous plus heureuse qu'avec lord Hervey? — Heureuse! qui peut l'être? — Moi, Milady, je le suis parfaitement. — Et, comment faites-vous ? — En aimant mon époux, mes enfans, en ne désirant rien que de passer ma vie avec eux, et en trouvant dans l'acomplissement de mes devoirs une source de jouissances toujours nouvelles. — En vérité, Polli, vous me donneriez envie d'en essayer. Je vais d'abord renvoyer tous mes piqueurs, mes chevaux et ma meute, dans une maison de campagne que j'ai près de Londres, car je me ferais scrupule de vous laisser un pareil train, ayant le projet de passer ici huit à dix jours, si je ne vous gêne pas. — Vous êtes bien sûre au contraire, Milady, de la satisfaction que je ressens à vous voir; depuis si long-temps que je suis séparée de vous, vous avez oubliez votre pauvre Polli. — C'est mon tort, j'en conviens, j'ai été entraînée dans un tourbillon qui ne m'a pas laissé le loisir de penser, mais il est temps de quitter un monde qui me quitterait bientôt. J'ai eu des torts avec le Duc, je veux les réparer; je veux répondre de bonne foi à l'amour qu'il a pour moi; je veux que notre réconciliation se fasse ici, loin du tumulte de la ville. Je vais lui écrire qu'ayant retrouvé une amie de mon enfance près de Plymouth , je désire passer quelques jours avec elle, si cela ne le contrarie pas, et que je le prie de vouloir bien venir m'y joindre aussitôt qu'il le pourra. Elle chargea son écuyer de cette lettre et le fit partir avec tout son équipage, ne gardant qu'un seul valet de pied, et elle donna ordre qu'une de ses femmes vint le soir avec des robes et du linge pour quinze jours. Madame Barkle lui offrit d'ôter son habit de chasse et de mettre une de ses robes. Elles étaient de la même taille, Elizabeth accepta et monta avec Polli dans son appartement, dont l'élégante simplicité frappa Lady. Tout était meublé en perses et en mousselines des Indes, des meubles de bois étrangers sans aucune

dorure, mais polis comme une glace
et d'un fini aussi précieux que celui
d'une tabatière, pas un grain de pous-
sière, pas le moindre chiffon qui n'eût
sa place, et, ainsi que le dit Richard-
son, en parlant de l'appartement de
Clarisse, qu'on eût pu trouver sans
lumière.

Milady fut d'autant plus surprise
d'un si grand ordre, qu'elle se rappe-
lait parfaitement que ce n'était pas la
vertu principale de Polli. Comment ma
chère, lui dit-elle, as-tu une chambre
si bien rangée, toi, si je m'en souviens,
qui avait des querelles continuelles
avec la bonne mistriss Kepled, qui
disait toujours que c'était toi qui m'ac-
coutumais à ce désordre, et qui tant
de fois troubla nos innocentes prome-
nades, pour nous renvoyer serrer un

schall ou un chapeau que nous avions laissé dans le parloir. — Je m'en souviens à merveille, chère Lady, et je ne voulais pas croire ce que ma mère nous disait, que l'ordre dans les plus petites choses était nécessaire au bonheur intérieur d'un ménage; et jusqu'à mon hymen avec le chevalier Barkle, j'avais attaché peu de mérite à cette vertu; mais à peine lui fus-je unie, que j'en ai senti toute la nécessité. Les seuls nuages qui sont venus troubler la sérénité de nos jours, tenaient à ce manque de soin de ma part, et comme je lui devais une reconnaissance infinie, je me promis de faire une telle attention à tout, qu'il n'eût plus le moindre reproche à me faire : j'y ai réussi, en prenant l'exemple de l'ordre et de l'extrême propreté de sa bibliothèque. Vous ne sauriez croire, chère Lady, comme il m'en a su gré : j'ai réfléchi plus d'une fois qu'il est peut-être avantageux à une femme d'avoir quelques légers défauts dont son époux puisse se vanter de l'avoir corrigée ou plutôt l'attachement qu'elle a pour lui, que c'est un grand moyen de lui être plus chère. Allons, dit Lady, voilà qui est certain, le Lord m'adorera, car je vais lui sacrifier mon humeur vaine, capricieuse, mon goût pour le jeu, qui le rend si malheureux. — Ah ! si cela pouvait être, Milady, que vous seriez heureuse ! car je vous le répète, il n'y a pas de félicité comparable à celle d'une union où les volontés, les goûts sont d'accords.

Un tel hymen est le ciel sur la terre.
Vol.

Lady, qui ne put rien sentir faiblement, s'enthousiasma de cette idée. Elle se crut encore à cet âge heureux où tout ce qui est bien nous entraine, nous enchante, parce que notre ame, encore pure, suit le penchant que l'homme reçoit de la nature pour la vertu , et dont la société seule émousse l'attrait.

Elle attend avec une impatience indicible la réponse du Duc ; elle croit qu'elle doit être celle d'un amant passionné ; elle oublie qu'elle a employé tous les moyens pour détruire cette passion ; qu'elle a même osé tourner en ridicule l'amour que le Duc conservait pour elle , et qu'il est impossible qu'un billet aussi insignifiant lui apprenne que sa chère moitié revient à elle avec un sincère désir et l'enflamme de nouveau.

Il faut cependant convenir que le Duc fut très-étonné du ton de soumission qui régnait dans ce billet. C'était la première fois, depuis qu'ils étaient mariés, que Lady avait paru reconnaître l'autorité de son époux. Quelle raison a-t-elle, se disait-il en lui-même, de me demander la permission de passer huit à dix jours à la campagne, elle que je ne rencontre peut-être pas deux fois dans un mois, quoique nous demeurions sous le même toit? Que signifie ce désir que j'aille la chercher chez cette amie dont elle ne dit seulement pas le nom? Et sonnant son valet-de-chambre, il fit dire à l'écuyer de la Duchesse de venir. Celui-ci se rendit aux ordres de son maître, qui lui demanda où il avait laissé la Duchesse? — Chez M. Barkle. Voyant

Voyant que le Duc fronçait le sourcil:
c'est-à-dire, madame Barkle. Oh !
c'est une maison de Dieu! le mari est
bien plus âgé que sa femme, mais cela
n'empêche pas; ils s'aiment de tout
leur cœur; ils ont des enfans charmans, tout ce qui les entoure est bon
et heureux par leurs soins et leur
exemple. Ah! quelle différence de
mistriss Barkle avec miss Asch et lady
Harrington! c'est là une femme; la
première levée de sa maison, couchée
la dernière; ayant l'œil à tout et ne
grondant jamais. — Et elle est l'amie
de Milady ?—Oui, Milord Duc; c'est
miss Polli, la fille de madame Kepled, qui a élevé Milady et a épousé
le chevalier Barkle. — Mon père le
connaissait beaucoup, et en faisait
grand cas. —Oh! Milord, vous n'a-

vez pas d'idée comme il est respecté, aimé dans son canton ainsi que sa femme! — Qui est-ce qui retourne auprès de la Duchesse? — C'est miss Jenny, Frank la conduit et reviendra de suite. — Dites-lui qu'elle ne parte point sans prendre ma réponse, et il la fit ainsi.

Billet de lord duc de Kingston à sa femme.

A Londres, le 11 septembre 1751.

« Je ne crois pas, Milady, que vous ayez plus besoin de ma permission pour passer douze à quinze jours chez une de vos amies aimable et vertueuse, et épouse d'un des hommes le plus estimable de son canton, que

pour aller chaque jour au bal, au
théâtre, dans des maisons où l'on joue
la plus grande partie de la nuit,
de sorte que je me lève au moment
où vous vous couchez, et je le répète,
il ne vous est jamais venu à l'esprit
de me demander pour tout cela aucune permission. Ne serait-ce pas parce
que, pour toutes ces choses, vous crai-
gniez d'être refusée, tandis que vous
êtes bien sûre que je ne m'opposerai
point au plaisir que vous vous faites
d'être avec votre amie. Jouissez-en,
ma chère Elizabeth, en toute tranquillité. J'approuverai toujours tout ce qui
tient à la décence et peut vous procurer quelque amusement. Malgré
que votre conduite ne m'ait pas prouvé
qu'il vous fasse un grand plaisir de
vous trouver avec moi, je me rendrai

à l'invitation de M. et de madame de Barkle à qui je vous prie de faire agréer mes sincères complimens.

Le lord duc DE KINGSTON ».

Quand Jenny arriva, Lady alla à elle avec l'empressement de l'amour, pour savoir si elle avait une réponse. A peine pouvait-elle donner le temps à cette femme de tirer la lettre du Lord de son porte-feuille. Elle s'en empare avec une vivacité que Jenni remarqua et qu'elle ne savait à quoi attribuer. Elle emporte avec elle ce gage chéri de l'amour de son époux. Elle appelle Polli pour le lire avec elle, comme autrefois elle lui laissait celle du pauvre Edward et celles du duc Hamilton ; mais que devint-elle en ne trouvant dans ce billet qu'un froid persifflage. Jamais son amour-propre n'avait été si humilié. — Concevez-vous, Polli, un semblable caprice. Cet homme m'obsède de son amour au point que je recherche des prétextes, il est vrai, pour dormir quand il veille, et veiller quand il dort, afin de n'être pas assommée de ses protestations de tendresse ; et lorsque je lui offre un moyen de venir loin du fracas de la Cour et de la ville, jouir de l'un et de l'autre au sein de l'amitié, voilà comme Monsieur me répond ; c'est une chose affreuse et dont il est bien heureux que je ne me venge pas. Polli reprend le billet du Duc et fait voir à Lady qu'elle ne l'entend pas bien, que ces reproches annonçaient au contraire un cœur trop sensible. C'est plutôt de la jalousie que de l'humeur, qui perce dans cette lettre, et si tout le monde ne connaissait pas le vers de Racine, je vous dirais :

Si Titus est Jaloux.

— Non, reprit Milady, ce n'est pas ce sentiment qui l'anime. Il y a trois ans il n'eût pas répondu, il serait venu lui-même. Oh! je n'en doute pas à présent, il ne m'aime plus, l'ingrat! au moment où je ne l'ai jamais tant aimé ; et elle se mit à fondre en larmes. Quoique Polli la connut parfaitement, elle crut réellement qu'elle aimait le Duc ; et je ne parierais pas qu'elle ne l'aimât en effet à cet instant où dégoûtée du monde, et séduite par le riant tableau d'un heureux ménage, elle désirait sincèrement jouir des mêmes biens. Elle aurait à cet instant cédé à Polli le duché, la pairie, pour être l'épouse adorée d'un simple baronnet. Avoir des enfans lui paraissait le bonheur suprême, elle qui dans l'âge où la nature appelle tous les êtres à la reproduction, avait dédaigné ce bien, et n'avait pas daigné serrer contre son sein le fruit de ses amours. Elle voulait être mère lorsqu'il n'était presque plus possible qu'elle le devint, et ainsi elle avait toujours désiré ce qu'elle n'avait point, et dédaigné ce qu'elle possédait. Polli qui voulait qu'au moins pendant le temps qu'elle serait chez elle, elle fût de bonne humeur, fit tant qu'elle lui persuada que Milord cachait ses véritables sentimens, et qu'elle le reverrait plus tendre que jamais dès qu'il serait assuré du retour.

Trois ou quatre jours se passèrent où Lady crut s'amuser infiniment des détails de la campagne. Elle suivait Miss à la laiterie, à la volière ; elle s'attendrissait en voyant les amours des colombes. Elle avait adopté un agneau, auquel elle avait mis un collier et une clochette. Enfin rien n'était aussi pastorale que la belle duchesse de Kingston ; il ne lui manquait qu'un berger, et c'était le Duc qui devait l'être. En vain elle faisait redire son nom aux échos, il ne se pressait pas d'arriver, et trouvait une sorte de douceur à être éloigné pendant quelque temps de celle qui ne portait son nom que pour le tourmenter par ses extravagances. Enfin la curiosité l'engagea à venir chez le chevalier Barkle. Il n'était peut-être pas fâché lui-même

de jouir du repos de la campagne , si
toutefois sa femme pouvait lui en laisser. Il partit à cheval suivi d'un seul
piqueur. Lady commençait à croire
qu'il ne viendrait pas et ajoutait, que
si cela était , elle ne le reverrait de sa
vie , lorsqu'elle l'aperçut descendant
une côte assez rapide qui conduisait à
l'avenue de la maison de Polli. C'est
lui, c'est lui , s'écria Elizabeth.   Ah!
quel bonheur! et embrassant Polli ,
ma chère , mon ange , mon unique
amie , je vous devrai le bonheur de
mes jours. Ah! dites-lui, combien je
l'aime , dans quel état l'incertitude,
s'il viendrait ou non, m'avait jetée ;
mais venez au-devant de lui, je vous
en prie. Je ne crois pas, dit Polli, que
ce fût très-convenable ; je n'ai point
l'honneur de connaître le Lord. Il me

paraît plus séant qu'il vienne jusqu'ici, et que vous ayez la bonté de me présenter. D'ailleurs, cet extrême empressement, après une assez grande froideur, lui paraîtra fort extraordinaire; il faut mieux l'attendre. Lady, forcée de faire ce que voulait Mistriss, resta avec peine dans le parloir.

Le Duc arriva peu d'instans après dans la cour. Le chevalier Barkle, qui l'avait aussi aperçu de son cabinet et qui avait reconnu la livrée, descendit pour le recevoir. Le Duc lui parla aussitôt du feu duc de Kingston qui avait été son ami. Barkle ne l'avait point oublié, et il dit au Lord que c'était une grande joie pour lui de posséder dans sa maison le fils du meilleur ami qu'il ait eu, et dont la haute naissance était le moindre mérite; de sorte que, dès le premier instant, ces Messieurs se trouvèrent liés d'amitié. Le Chevalier introduisit le Duc dans le parloir, et lui présenta sa femme et ses enfans ; mais l'impatiente Duchesse lui donna à peine le temps de lui dire un mot : elle se précipita dans ses bras, et lui dit : enfin nous voilà réunis !

Le Duc, assez étonné de ces vives démonstrations de tendresse auxquelles il n'était pas accoutumé, y répondait en homme habitué au grand monde, où l'amour conjugal ne se montre pas si franchement. Mon cher Duc, lui dit Elizabeth, voilà les êtres les plus heureux de l'Angleterre, et cela parce qu'ils s'adorent. Je veux que nous nous adorions aussi pour être heureux. Je renonce à Londres, à la Cour ; je veux

que nous allions habiter notre charmante maison de Clariss, elle n'est
qu'à une lieue d'ici, je verrai souvent
ma Polli, ses enfans. Si le ciel exau-
çait mes vœux, s'il daignait me donner un fils, ce serait de Polli que
j'apprendrais à remplir les nobles
fonctions de mère.

Le Duc la regardait avec une surprise extrême; elle était encore si belle,
il l'avait si éperduement aimée qu'il
se laissa aller un moment à l'enchan-
tement qui environne la beauté et les
grâces; et, dans un transport involontaire, il lui dit, serait-il possible,
chère Elizabeth, que vous pensassiez
réellement ce que vous venez de dire!
— Si je le pense, ah! demandez à
Mistriss, ma seule inquiétude était
que vous ne répondissiez pas au sen-

timent de mon ame. Oui , cher objet de mes affections, je renonce à tout, hors à votre amour, lui seul peut me rendre heureuse. J'ai vainement voulu essayer de tous les plaisirs, ils sont faux et trompeurs. Ah! quand vous aurez passé quelques jours ici, vous verrez que ce n'est qu'à la campagne que l'on peut s'aimer. L'air empesté des Cours tue le sentiment; là, où tout est mensonge, imposture, le cœur ne peut se livrer aux douces émotions de l'amour. Le Duc ravi, enchanté, crut que le ciel avait fait pour lui un miracle en changeant le cœur de Lady.

On apporta le thé, jamais le Lord n'avait été si aimable. Madame Barkle le trouvait charmant; Eugénie lui versa une tasse de thé en rougissant, et le

Duc dit bas à sa femme, je veux d'abord que nous ayons une belle fille comme toi. Vois comme Eugénie est gentille. Lady prit dans ses bras Alfred, le plus jeune des fils de Barkle. — Et croyez-vous qu'il n'est pas bien agréable aussi d'avoir un beau garçon comme cet enfant. — Nous en aurons deux ; et le Duc croyait déjà les voir à ses côtés. Pauvres humains, le bonheur pour nous n'est qu'une chimère !

On fit voir au Lord tous les détails de la métairie. M. Barkle élevait des chevaux d'une grande beauté, et le mari et la femme rivalisaient pour le succès de leurs élèves. Tout était tenu avec le même ordre que la maison, et la même propreté régnait dans les étables et dans les écuries : aussi les animaux étaient forts et vigoureux. Le Duc admira sur-tout six génisses blanches comme de l'albâtre qui avaient été élevées dans la ferme que Mistriss faisait valoir, et qui devaient remplacer leurs mères quand l'âge serait venu.

Le Duc, qui avait les goûts simples comme toutes les ames douces, fut enchanté de tous ses détails. Le souper fut excellent, on but du vin de Champagne, et Milord épris de nouveau des charmes de Milady, voit avec un extrème plaisir qu'on n'a pas même pensé qu'il pût désirer d'avoir un appartement différent de celui de sa femme. A peine Elizabeth donna-t-elle le temps à Jenny de la déshabiller pour être seule avec son époux. Le Duc, flatté de cet empressement,

lui prouva qu'il était toujours le même
pour elle, et ainsi se passèrent les nuits
et les jours que le Duc et la Duchesse
restèrent chez Polli.

Madame Barkle était enchantée et
croyait réellement que cette union serait aussi durable qu'elle paraissait
sincère. Il n'y avait pas jusqu'à Eugénie qui disait à sa mère : on assurait
qu'à la Cour on ne s'aimait pas, vois
pourtant comme M. et madame la
Duchesse s'aiment ; et Polli disait, ils
sont une exception à la règle générale.
La saison était magnifique ; on fit revenir l'équipage ; et on chassa presque
tous les jours. Enfin, il y avait près
d'un mois que le Duc et la Duchesse
étaient chez Polli quand il fallut se quitter, afin, disait-on, de revenir, pour
ne plus se séparer ; mais il fallait aller

à

à Londres pour régler mille choses avant d'abandonner la Cour pour jamais. Polli, la prudente Polli, leur disait, si vous m'en croyez, vous ne parlerez à personne de votre résolution. Vous êtes maîtres de vos actions, qu'avez-vous besoin d'instruire le public de vos vues? Ne mettez nulle entrave qui vous force, par orgueil, à exécuter un projet que vous ne seriez pas disposés à suivre. Mais tout ce qui était prudent et sage, ne pouvait être adopté par Lady.

Dès qu'elle arriva à son hôtel, elle engagea le Duc à faire venir son intendant pour qu'il payât la plupart de leurs gens, en leur apprenant qu'ils n'étaient plus à leur service, et leur donnant en même temps une année de leurs gages. On juge bien qu'aussitôt le secret de la retraite de M. et de madame de Kingston fut publié; et à peine la Duchesse eut-elle le temps d'en faire part à madame la princesse de Galles, qui dit à Milady, avec toute sorte de grâces : je pourrais m'affliger de ce projet si je ne connaissais pas bien, ma chère Duchesse, l'aimable légèreté de votre caractère, qui vous fera bientôt quitter votre maison de Clariss, toute jolie qu'elle est, pour la Cour, qui est devenue votre patrie et dont vous faites l'ornement. Je vous attends avant six mois : pensez donc, chère Lady, un hiver à la campagne, tête à tête avec votre époux.—Ah! Madame, je vous jure, qu'excepté votre Altesse, je ne regretterez rien. — Je le désire. Elizabeth se hâta de se retirer, parce qu'elle regrettait déjà ce qu'elle se vantait de ne regretter jamais ; mais elle allait bientôt recevoir un assaut plus pénible pour elle.

En sortant de la chambre de son Altesse royale, elle aperçut lady Harrington et miss Asch. Du plus loin qu'elles virent lady Kingston, elles firent un éclat de rire qui pouvait déconcerter la femme de l'Angleterre qui se déconcertait le moins. Ah, mon Dieu, dirent-elles en même temps ! quelle fantaisie vous a-t-il pris, ma chère, d'aller jouer une pastorale avec votre ennuyeux époux ? car, qui peut être aussi ennuyeux que ce que l'on nomme un bon ménage(*). Ah! ciel, dit

---

(*) Je voudrais, pour l'honneur de mon sexe, n'avoir pas entendu ce blasphème prononcé, par ce qu'on appelait alors une jolie femme.

la Duchesse, venez voir celui de Polli avec le chevalier Barkle! — Ah! cela est tout simple, pour des êtres obscurs qui n'ont rien à faire autre chose que d'être ce qu'on nomme d'honnêtes gens. Mais vous, chère Elizabeth, dont l'esprit supérieur, le rang distingué et les immenses richesses vous mettent sur le pinacle, aller vous renfermer dans votre petite maison de Clariss! il ne faut plus que voir M. le Duc, se faire nommer juge de paix de son canton. En vérité, cela n'a pas le sens commun. Miss Asch renchérissait encore sur tout ce que disait milady Harrington, et la pauvre Duchesse avait beau sentir au fond de son cœur qu'elle savait mieux qu'elle ce qui pouvait la rendre heureuse, que jamais elle ne l'avait été autant que pendant les jours qu'elle avait passés chez mistriss Barkle, elle était embarrassée et ne savait que répondre ; cependant elle se défendait autant que le respect humain et la crainte du ridicule, ces deux fléaux de la vertu, le lui permettaient.

Ces Dames la quittèrent en lui disant qu'elles l'abandonnaient à son malheureux sort, et ne vinrent pas même se faire écrire à sa porte, que la Duchesse fut obligée de faire fermer pour se mettre à l'abri des lamentations de tous ceux qui vivaient aux dépens de son luxe et de sa prodigalité.

Cette retraite, quoiqu'elle dura peu de jours, fit éprouver à madame Kingston beaucoup d'ennui qu'elle témoigna à son mari par beaucoup d'humeur. Le Duc ne vit que trop qu'il serait malheureux à Clariss comme il l'avait été à Londres ; mais retenu, comme le lui avait prédit Polli, par la crainte de passer pour un homme incapable d'une résolution ferme, il suivit son projet ; seulement, il ne fit point démeubler son hôtel, comme il en avait eu l'idée, et ne fit transporter à la campagne qu'une très-petite partie de sa bibliothèque. La Duchesse, qui pensait bien comme lui, n'eut pas l'air de s'apercevoir de ce changement. Elle demandait chaque soir si lady Harrington et miss Asch étaient venues, et c'était une grande douleur pour elle de penser qu'elle partirait sans les revoir, et cependant l'amour-propre ne lui permettait pas de faire une première démarche. Enfin, la veille de son départ, elle dit au Duc qu'elle était excédée du désordre de son hôtel depuis que l'on faisait les malles, qu'elle allait se distraire un instant au parc. Le Duc lui offrit de l'y accompagner. — O mon Dieu! non, dit-elle, nous aurons assez le temps de faire les tourtereaux lorsque nous serons à Clariss, et elle sortit.

Quelle fut sa joie, en arrivant au parc, d'apercevoir milady Harrington et miss Asch! Elle court à elles, et les éloignant de la foule agréable qui les environnait, elle les prend chacune par le bras et les mène dans un endroit écarté du parc : là, s'asseyant sur un banc, elle leur ouvre son cœur et leur développe son plan. Les tendres amies l'embrassent avec transport, lui jurent une amitié éternelle, et on se sépare. Qu'avait-elle pu dire? vous le saurez, lecteur, avant peu. Milady revint chez elle avec une physionomie plus ouverte qu'elle ne l'avait depuis quelques jours, et Milord la voyant plus contente au moment où le départ était plus prochain, crut un instant qu'il serait heureux à Clariss.

Tout le reste de la journée se passa assez bien jusqu'à celui du souper. Lady se plaignit d'un violent mal de tête, ne mangea point, et pria le Lord de la laisser retirer seule dans son appartement, où elle allait implorer le sommeil comme le seul remède aux douleurs qu'elle ressentait. Milord obéit, en se disant à lui-même, elle est capable de ne pas partir demain avec moi; mais, qu'elle parte ou non,

je

je serai malheureux à Clariss comme
à Londres.

Cependant Milady fut une des pre-
mières éveillée ; elle sonna ses femmes
avant le jour, s'habilla, et lorsque le
Duc envoya savoir à quelle heure elle
voulait partir : à l'instant même, ré-
pondit-elle de l'air le plus agréable.
Le Duc, étonné de cette mobilité de
sentiment auquel il ne pouvait s'ac-
coutumer, se dit : serait-il donc possible que je trouvasse le bonheur à
Clariss ?

On prit le thé avant de monter en
voiture. Milady fut charmante. Mon
cher Lord, lui dit – elle, vous avez
sûrement donné l'ordre pour que nous
puissions être seuls dans votre voiture ;
j'ai mille choses à vous dire , et des té-
moins me gêneraient. C'était bien mon

intention, dit le Duc, qui peut-être n'y avait pas pensé; mais la belle humeur de la Duchesse lui en eût donné l'idée. Elle était si aimable quand elle voulait l'être! malheureusement cela lui arrivait peu avec ceux qui lui avaient fait l'honneur de lui donner leur nom.

Elle monte donc en voiture avec le Lord; son aumônier, les écuyers et l'intendant étaient dans la seconde voiture. Les femmes-de-chambre, les valets-de-chambre, le maître-d'hôtel, le chef des cuisines étaient dans des voitures de suite; et quoique le Duc, du consentement de sa femme, eût réformé quarante individus de sa maison, elle était encore très-nombreuse. Les chevaux étaient magnifiques, et tout ce train annonçait un grand seigneur. On crut même, à quelques milles de Londres, que c'était le prince et la princesse de Galles qui voyageaient *incognito*. — Que servent l'élévation, la puissance, la richesse, sans la félicité du cœur! Le pauvre Duc l'avait espéré, sa femme la détruisit entièrement pour lui. Milady, fixant son époux, lui dit: « Convenez que j'ai l'air aussi sotte, en avouant que je ne vous aime plus, que je l'avais sans doute, lorsque vous me fites, pour la première fois, l'aveu de votre tendresse. Convenez encore aussi franchement que moi, que notre seul espoir, en allant vivre ainsi maritalement à la campagne, le seul exactement qui puisse nous flatter et nous promettre encore des jours heureux, est celui de la survivance. Le désir

5 *

n'est pas en notre pouvoir, vous ne
m'en inspirez plus; j'en suis fâchée,
je vous le jure, et vous l'êtes aussi
sans doute..... Aidons-nous donc
de bonne foi l'un et l'autre, et conve-
nons du moins de la façon dont nous
devons nous y prendre pour tromper
les yeux de nos voisins, et nous haïr
intérieurement avec décence. Ma chère
Milady, répondit Milord, sans paraître
ni choqué, ni surpris du compliment,
vous avez fréquenté long-temps la
Cour, et ce séjour, vous le savez, ne
m'est pas absolument étranger : là,
le bien qu'on nous veut s'exprime avec
chaleur; le mal s'y couvre du manteau
de la plus exacte politesse; la bienveillance est un peu prolixe, et le sentiment contraire épuise la civilité. Ainsi,
ma chère Milady, faisons-nous un

plan de politesse réciproque, qui dé-
guise si bien nos vrais sentimens, qu'ils
ne soient jamais connus que de nous
deux. Qu'importe à ceux qui nous
verront comment nous penserons intérieurement. Pour vous prouver en
même temps que nous n'avons pas
d'autre parti à prendre, et combien
vous devez m'avoir d'obligation de la
conduite que je tiens avec vous, ap-
prenez, ma chère Milady, que je vous
hais aussi cordialement que je vous
méprise souverainement, que personne ne s'en est jamais aperçu, et
que vous-même avez été peut - être
assez dupe de votre amour - propre,
pour vous flatter qu'il me fût possible
de vous aimer encore. Ainsi, ne vous
gênez point, chassez, jouez, diver-
tissez-vous; tuez-vous, si vous vou-

lez, à force de folies, épuisez tous les genres possibles d'extravagances, jamais vous n'entendrez un reproche sortir de ma bouche ».

Je crois bien que la réponse du Duc était plutôt dictée par l'amour-propre blessé, que par la haine qu'il feignait d'avoir pour la Duchesse ; mais soit qu'elle fût réelle ou fausse, il ne cessa de se conduire d'après la convention qu'il venait de faire avec elle, et dont ils commencèrent l'exécution en arrivant à Clariss, d'où ils dépêchèrent aussitôt un homme à cheval pour engager Polli et sa famille à venir chez eux.

Milady reçut son amie avec une démonstration de joie qui aurait trompé les plus fins ; il semblait qu'elle lui avait une obligation infinie, et qu'elle lui devait son bonheur. Le Lord, de son côté, paraissait si empressé. si tendre avec sa compage, qu'on était intimement persuadé qu'ils s'aimaient à l'adoration. Leurs appartemens se communiquaient, et depuis qu'ils habitaient Clariss, ils avaient donné ordre l'un et l'autre qu'on n'entrât jamais chez eux qu'ils n'eussent sonné. Ainsi personne ne savait que la porte de communication restait bien exactement fermée toutes les nuits, sans que la Duchesse pût imaginer qu'il fût possible de l'ouvrir. Ainsi le jour les voyait époux, amans, et les voiles de la nuit qui, tant de fois dérobent les plus doux mystères, ne servaient entre le Duc et Elizabeth qu'à voiler leur profonde indifférence.

Cependant elle continuait à voir très-souvent mistriss Barkle, dont l'esprit lui plaisait ; elle chassait avec le chevalier, tandis que le Duc restait, soit à Clariss, soit chez Polli, avec cette aimable femme dont la fille devenait de jour en jour plus intéressante. Le Lord était encore dans l'âge d'aimer et même de plaire. Eugénie était charmante ; elle joignait aux grâces modestes de sa mère la physionomie spirituelle de son père, qui, malgré qu'il ne fût point beau, plaisait par son esprit et l'originalité de ses saillies. Eugénie ne quittait jamais sa mère ; elle s'était accoutumée peu à peu au Duc ; elle le regardait comme étant de la famille, et laissait un libre essor à son imagination vive et riante.

M. de Kingston, désespéré d'avoir été si cruellement trompé par sa femme, qui ne lui avait fait entrevoir le bonheur d'une tendre union que pour le traiter plus mal que jamais lorsqu'ils étaient seuls, ne savait où reporter cette douce sensibilité qu'il avait reçue de la nature. Un penchant, dont il ne se rendait point compte, l'entraînait vers Eugénie; mais il était loin de prévoir qu'il se préparait des douleurs mortelles.

Eugénie n'avait pas quinze ans et le Duc en avait trente-six, car il était plus jeune que sa femme. Il était très-beau, mais sa beauté avait quelque chose de mélancolique qui ne s'accordait guères avec la gaieté de miss Barkle; l'innocence de son âge ne lui laissait pas apercevoir l'impression qu'elle faisait sur le cœur du Duc. Elle cherchait à dissiper cette teinte de tristesse qui l'ennuyait, elle avait cru remar-

quer que c'était sur-tout lorsque Lady
n'y était pas, parce qu'en effet le Duc
se contraignait lorsque sa femme se
trouvait avec lui, ne voulant pas lui
donner la satisfaction de penser que
c'était elle qui était cause de son chagrin. Alors la jeune Miss disait à son
bon ami, c'était ainsi qu'elle appelait
le Duc, que n'allez-vous à la chasse
avec madame la Duchesse et papa?
Si c'est par complaisance pour nous,
vous avez tort, vous êtes très-aimable ;
mais, quand nous sommes ensemble
maman et moi, nous n'avons besoin
de personne. C'est d'une extrême fran-
chise, reprenait Polli ; mais, Milord,
ce n'est pas dans nos bocages qu'il
faut venir chercher les complimens et
les discours apprêtés des Cours. Je
serais fâché, reprenait-il, que la char-

mante Eugénie changeât son aimable véracité; mais je voudrais qu'elle eût moins d'indifférence pour moi, qu'elle daignât s'apercevoir que je suis ici, et qu'elle partageât un peu le plaisir que j'éprouve à la voir. — Cela ne me fait pas de peine, il s'en faut beaucoup; mais je vous dis seulement, mon bon ami, que votre présence ne nous est pas nécessaire. — C'est beaucoup qu'elle ne vous soit pas à charge, reprit le Duc d'un ton piqué. — Vous vous fâchez, mon bon ami; oh! je vous jure que ce n'est pas mon intention; maman, dis-lui donc qu'il ne se fâche pas. — Moi, ajouta le Duc en s'efforçant de prendre l'air très-gai, je ne me fâche pas, je vous jure. Mistriss parla d'autres choses, et le Duc qui peut-être pour la première fois lisait dans son cœur, sortit.

Polli gronda sa fille, et dit qu'on ne devait jamais trahir son opinion; mais qu'il n'est pas nécessaire, et même qu'il est dangereux de dire tout ce que l'on pense. — Mais aussi, pourquoi M. le Duc s'imagine - t - il que nous avons besoin d'avoir un tiers entre nous pour être heureuses? il se trompe; je n'ai d'autre désir que de vivre près de toi, ma mère, de mériter ta tendresse et de te prouver la mienne. En prononçant ces mots, elle s'était jetée dans les bras de sa mère. Le Duc rentra, et le tableau touchant de la piété filiale le fit réfléchir; combien il serait coupable de laisser entrer dans son cœur la moindre pensée qui pût blesser la vertu et ternir la réputation d'Eugénie! Il se promit de ne pas la voir si souvent, et lorsqu'il serait chez Polli, de ne rester que ra-

rement avec elle et sa fille. Il se le
promit et tint mal sa promesse : un
charme irrésistible le ramenait auprès
d'Eugénie et de sa mère ; il ne les sé-
parait pas dans son cœur, et il ne
désirait rien autant que de passer sa
vie auprès d'elles, se flattant que le
sentiment qui l'animait serait toujours
aussi pur que celle qui l'inspirait.
Mais c'est en vain que l'on croit arrêter les passions : pour peu qu'on les
laisse en liberté, elles prennent bientôt
l'empire sur notre ame, et nous ôtent
le sentiment du juste et de l'injuste!
C'est ce qui arriva au Lord. A force
de répéter que le sentiment qu'il avait
pour Eugénie n'était point de l'amour,
il le crut, et continua à lui rendre les
soins les plus tendres ; mais avec tant
de circonspection que personne ne put

s'en douter, si ce n'est mistriss Polli, qui, étonnée de l'assiduité du Lord à lui faire sa cour, fut d'abord offensée; car elle se disait, a-t-il donc si mauvaise opinion de moi, qu'il croie que je sois capable d'oublier tout ce que je dois de reconnaissance et d'attachement à sir Barkle, pour écouter d'autres amours? Mais quand clairement elle vit que c'était à sa fille que s'adressaient les vœux secrets du Duc, elle s'en affligea sensiblement; car, à quoi pouvaient tendre ses désirs? Irait-il répudier sa femme pour mettre Eugénie en sa place; formerait-il l'odieux projet de sacrifier à sa passion l'honneur de sa fille? l'un et l'autre est un crime. Elle plaint Elizabeth qu'elle croit sincèrement attachée au Lord, elle tremble qu'elle ne s'aperçoive de son changement, et qu'elle prenne en haine l'innocent objet de l'infidélité du Duc. Cependant, quel parti prendre? Ira-t-elle affliger son amie en lui ouvrant les yeux sur la conduite de son mari, pour l'engager à venir moins souvent chez elle, lui laissant croire que le sien, devenu tout-à-coup bizarre et fantastique, ne voit pas sans peine tant d'intimité entre elles, et exige qu'elles se voient beaucoup plus rarement; mais c'était blesser la vérité et faire prendre à la Duchesse une mauvaise opinion du chevalier Barkle. Elle crut donc qu'il fallait encore mieux attendre du ciel un moyen de faire cesser les assiduités du Duc, sans instruire Milady de l'erreur de celui qu'on croyait lui être si cher. Mais comme elle ne voyait plus de termes à ses inquiétudes, qui au contraire allaient croissant, Dieu ne permit pas néanmoins que le Duc se laissât entraîner par la vivacité d'un sentiment qu'il ne pouvait plus se dissimuler être bien au-delà des bornes d'une pure et sainte amitié. Le respect dû à l'innocence, l'attachement qu'il avait pour M. et madame Barkle, ne lui laissèrent pas la possibilité de se permettre un indiscret aveu.

Le feu qui le dévorait brûlait en silence, mais il n'en ressentait que plus vivement la douleur. Combien de fois ne déplora-t-il pas en secret le malheur qu'il avait eu d'unir sa destinée à miss Chudleigh. Quelle différence pour lui s'il fût resté libre ! Avec quelle joie il eût mis aux pieds de l'aimable Eugénie son rang et sa fortune. Mais nul

nul espoir ne venait calmer ses souffrances, quand celle qui en était la
principale cause, lui offrit le moyen
de les terminer.

Le Duc était de retour de chez le
chevalier Barkle depuis deux jours qui
lui paraissaient deux siècles loin d'Eugénie. Il avait passé la nuit la plus
agitée, et déjà il se préparait à retourner près d'elle, quand il vit entrer dans sa chambre Lady. Elle ferma
mystérieusement la porte, et s'asseyant
près de son bureau, elle lui parla en
ces termes : « J'ai fait réflexion, Milord, et vous en conviendrez avec moi,
que l'air trop pur de ce pays-ci ne
peut que tromper votre attente : loin
d'altérer ma santé ni la vôtre, il les
fortifie tous les jours. Notre ame seule
y languit, et notre corps, en dépit

d'elle, y brave tous les maux. Si vos desseins n'ont point changé, si vos sentimens sont aussi invariables que les miens, je crois que le comté de Denbigh, pays bas et marécageux, nous offre une retraite favorable à nos projets. Si la proposition vous plaît, nous pourrons partir dès demain; et pour prix de ma complaisance, de vouloir bien ajouter à mon douaire, en arrivant, le revenu total de cette terre ».

Le Duc sentit son cœur se briser à cette proposition, il la regardait comme l'arrêt de sa mort; mais comme il ne pouvait vivre sans aimer Eugénie, et que l'aimer était un crime, il crut devoir accepter ce que la plus bizarre des femmes lui offrait. Cependant il ne voulut point partir aussi promptement qu'elle paraissait l'exiger. Il demanda un mois de délai. Plus nous avancerons dans la saison, dit-il, plus votre espoir sera fondé. Le temps est encore trop beau, l'air trop pur, pour que les émanations des marais qui entourent la ville de Denbigh, où le château de Kalhieg est situé, puisse avoir une forte influence. Attendons les premiers jours d'octobre, nous n'en mourrons pas plus tard, et nous aurons joui encore un mois de la vie. — Je le veux bien, mais à condition que cela ne passera pas ce terme. Il le lui promit, et ne s'occupa plus que de l'horrible séparation qui suivrait ce court délai.

Il alla dès le lendemain chez Mistriss; elle fut frappée du changement qui s'était opéré sur les traits de sa figure; elle s'informa, avec la plus vive inquiétude, de sa santé ; il l'assura qu'il se portait à merveille ; elle lui demanda, avec l'intérêt de l'amitié, s'il ne lui était pas arrivé quelque malheur. Aucuns, dit-il, je suis le plus heureux des hommes. Et tout dans sa personne peignait une profonde douleur.

L'amitié ne doit pas être indiscrète, Polli n'en demanda pas davantage, et attribua l'état du Duc au malheureux sentiment qu'il avait conçu pour Eugénie, et que rien ne pouvait ni vaincre ni satisfaire. Elle le plaignit d'y avoir ouvert son cœur, et voulait au moins qu'il ne prît pas plus de force en éloignant Eugénie le plus qu'il lui était possible. Le Lord s'en aperçut, et lui dit : Si vous connaissiez le fond de mon cœur, si vous saviez qu'il est tout à la vertu, et que je saurai lui sacrifier bien plus que ma vie, vous ne me priveriez pas du peu de bien qui me reste, et pour si peu de momens. Quoi! lui dit Mistriss, auriez-vous le projet de nous quitter? — Je ne puis vous en dire davantage ; mais ayez pitié de moi, et je vous le répète, ne me privez pas du bonheur de voir encore quelques jours, quelques heures, votre charmante fille, ou je croirez que je vous suis odieux. — Pouvez-vous le penser, Milord! mais aussi je vous demande, si vous aviez une fille de l'âge d'Eugénie, que feriez-vous ? — Ce que vous faites, si je ne savais pas que l'infortuné qui n'existe pour elle... — Arrêtez, M. le Duc, n'en dites pas davantage ; je ne puis vous entendre. — Eh bien, sachez au moins

qu'avant un mois je serai à Kalhieg,
dans un pays qui dévore ses habitans
par une fièvre lente que l'air marécageux entretient sans cesse, et que
je n'y aurai pas été la moitié de l'année, que je serai attaqué mortellement.
— Et, qui vous force à prendre ce
parti?— Dés raisons que vous saurez
un jour, et dont la plus forte est celle
de me séparer à jamais d'Eugénie que
je ne reverrai plus.— Je ne puis qu'ap-
plaudir à cette généreuse résolution;
mais ne pouvez-vous vous séparer
d'elle sans aller dans un pays aussi
marécageux et aussi mal sain; que ne
retournez-vous à Londres? — C'est
impossible, Lady n'y consentira pas.
Elle désire depuis long-temps voir
la principauté de Galles. Elle m'a re-
parlé de ce désir et j'y ai souscrit en

me disant, voilà le seul moyen de m'arracher de ces lieux, où le malheur et peut-être le crime m'attendent. Voici, Mistriss, le sujet de ma douleur qu'Eugénie ignorera toujours; mais, quand je ne serai plus, dites-lui, ô vous que j'aurais voulu nommer du doux nom de mère! que je l'aimais à un tel point, que je préferai la mort au malheur de vivre sans elle. Polli, désolée, employa tout ce que la raison a de plus fort, tout ce que l'amitié a de plus tendre pour calmer le désespoir du Duc, sans y parvenir. Il lui disait, j'ai quelquefois pensé à abandonner à la Duchesse la moitié de mon immense fortune, en divorçant avec elle, mais je ne me suis pas trouvé la force de supporter le blâme public qu'aurait entrainé ma conduite. A voir fait rompre les premiers nœuds de Lady, rompre à mon tour les nôtres pour passer à de nouvelles noces, ce blâme m'a paru d'autant plus redoutable, qu'il rejaillissait sur l'objet de mes adorations. — Vous avez très - bien fait, mon cher Lord, de n'avoir pas donné de suite à ce projet auquel M. Barkle et moi n'eussions pu consentir. D'ailleurs Eugénie est encore si jeune, que nous ne sommes pas pressés de la marier. Ah! tant mieux, s'écria le Duc, avec un sentiment de joie dont il ne fut pas le maître, et qui renfermait l'espérance que d'autres événemens pourraient lui rendre la liberté. S'il avait lu dans l'avenir, s'il avait pu voir ce que l'avidité de ses héritiers fit pour rompre son mariage, il eût peut-être plus écouté ce que son

amour

amour pour Eugénie le pressait de tenter, mais auquel Eugénie ni ses parens n'eussent consenti ; il était donc plus heureux pour lui qu'il se fût fait à lui-même la loi de sacrifier sa passion à la vertu , que de s'exposer à un refus qui porte avec lui une sorte d'humiliation.

Pendant le reste du mois qu'il passa à Clariss , il fut presque toujours chez le chevalier Barkle. Mistriss Polli le plaignait, l'assurait que l'absence rendrait la tranquillité à son ame. On ne guérit point des maux de l'amour tant que l'on conserve quelqu'espoir ! Répétez – vous, mon cher Lord, que jamais Eugénie ne peut vous appartenir, et vous verrez votre sentiment pour elle se changer en une douce bienveillance, et dans quelque temps nous

Tome III.   7

nous reverrons comme de vieux amis.
— Non, jamais répondait le Duc; et
posant la main sur son cœur: là est
le mal, je n'en guérirez qu'à la mort.

Le chevalier Barkle occupé des
améliorations de sa terre, ou pour-
suivant les timides habitans des bois,
n'avait point remarqué l'amour du
Duc pour Eugénie, et était loin de
soupçonner qu'il fût d'aucun danger
pour sa fille. Il était accoutumé à la société de ses voisins, il aimait le caractère de Lady: et en effet, pour ceux
qui n'étaient point soumis à ses caprices, il avait quelque chose de piquant
et d'aimable, et prolongeait l'empire
de la beauté. Sir Barkle ne voyait donc
qu'avec peine qu'elle s'éloignât de lui.
Il faisait l'impossible pour qu'elle re-
nonçât à la fantaisie d'aller dans le

pays de Galles ; mais elle, incapable
d'aucun sentiment réel, ne tenait pas
plus au chevalier Barkle qu'à sa femme.
Elle s'était liée avec eux par une sorte
d'enthousiasme, et dès qu'il avait cessé,
il lui était devenu presque insuppor-
table; d'ailleurs, elle avait très-bien
remarqué qu'Eugénie n'était pas in-
différente à son mari, et elle fondait
sur cet amour malheureux, aigri par
l'absence, l'espoir que ses chaînes se-
raient bientôt brisées, soit que le Duc
succombât sous le poids de ses cha-
grins, soit que mû par la folie anglaise
il tranchât des jours qui, loin d'Eugénie, lui deviendraient insupportables.
Elle voyait donc approcher avec un
grand plaisir le moment du départ.
Déjà les brouillards d'automne et la
fraîcheur des nuits avaient dépouillé

les arbres d'une partie de leur feuil-
lage ; ce qui restait, déjà jauni, n'attendait que le vent d'ouest pour jon-
cher la terre et laisser à découvert ces
branches qui les avait portés. Sommeil
de la nature, tu ressembles à la mort,
et tu causes une tristesse involontaire!

Ce fut dans les climats où on connaît les hivers que se bâtirent les pre-
mières villes ; sous le beau ciel de
l'Inde, les hommes durent être long-
temps sans se renfermer dans des
murs ; mais dans ses froides contrées
du nord, avec quel empressement ils
bâtissent leurs maisons près les unes
des autres pour s'opposer à la furie
des vents. Le feu dont ils se servent
pour tempérer la rigueur des frimats
se commuique d'un foyer à l'autre,
et forme une atmosphère tempéré

en comparaison de celle des champs qu'ils abandonnent jusqu'aux premiers zéphirs.

Rien de tout cela ne se trouvera dans le triste château de Kalseig. Il avait été bâti l'an 1326 par George sir de Kingston, qui, fatigué de la Cour, vint s'ensevelir dans les marais du comté de Denbigh. Il avait choisi la position la plus triste qu'il avait pu trouver dans le comté : une gorge étroite ouverte du côté de l'ouest et dont une colline assez élevée fermait le passage au vent d'est, et cachait aux yeux de ceux qui habitaient ce triste séjour, le beau spectacle du lever du soleil, qui ne paraissait pour eux qu'après qu'il s'était élevé au-dessus. La maison était exposée au nord, et n'avait pour tout aspect qu'un rideau couvert d'une noire bruyère où se trouvaient çà et là quelques pins et quelques mélèzes, restes, à ce qu'il paraissait, d'une plantation que la stérilité de cette montagne avait empêché de pousser.

Entre le château et la montagne était ce que l'on nommait le parc, entouré de murs abattus en grande partie ; les allées étaient entièrement bouchées par les ronces et les épines qui croissaient, et étouffaient les jeunes plants d'arbres, qui se ressèment, comme on sait, d'eux-mêmes, et n'attendent d'autres soins, que de les débarrasser des plantes parasites qui les gênent ; mais quelles mains auraient pris ce soin, personne n'habitait le château depuis plus de soixante ans ! Aussi Clamsfort était-il en comparaison une habitation charmante. Des murs de six pieds d'épais, des salles immenses, des galeries dont l'humidité avait effacé les peintures et pourri les planchers, effets que produisaient les fossés qui environnaient le château : ils avaient été jadis d'eau vive ; mais le peu de soin qu'on avait eu de les nettoyer n'en faisait plus qu'un amas de bourbe et d'eau stagnante. Un grand canal qui avait été creusé en face des fenêtres pour étancher les terres des deux côtés, où, selon toute apparence, autrefois on avait formé des parterres, ne présentait plus que l'aspect d'un marais impraticable, dont la profondeur du canal rendait l'abord dangereux. Les herbes amoncelées d'année en année, formaient une croûte mobile trop faible pour supporter le poids

d'une créature humaine, et qui, s'ouvrant sous ses pas, l'ensevelissait dans
des eaux fangeuses dont elle ne sortait
que par miracle. Les animaux éprou-
vaient le même sort. Aucun pâtre n'y
conduisait ses troupeaux, et ses chants
rustiques ne venaient point interrompre le silence de cet affreux désert.

Le concierge prévenu par le Lord,
avait cependant fait nettoyer des appartemens, si on donne ce nom à trois
ou quatre grandes chambres rendant
l'une dans l'autre, où le soleil ne péné-
trait jamais. Pas un dégagement, pas
un cabinet. Les meubles qu'on avait
fait venir de Denbigh, n'avaient rien
de l'antiquité du château ; mais leur
extrême simplicité, parce qu'il n'en
avait pas pu trouver de plus beaux,
sur-tout la couleur sombre des rideaux

et des tapis, ajoutait à la tristesse de
ce logement ; mais plus il était détes-
table, plus il convenait à Lady ; et
quant au Lord, séparé de Polli et de
sa fille, tout lui était bien indifférent.

Ils y avaient à peine passé un mois
que le Lord fût attaqué de la fièvre
qui respecta la Duchesse. Il voyait
avec plaisir les progrès de cette fatale
maladie. Cependant Elizabeth ne crut
pas devoir consentir à ce que voulait
le Duc qui prétendait n'avoir pas besoin de médecin. Peut-être Lady
pensait-elle comme Molière, que les
médecins, loin de retarder l'objet de
ses désirs, l'avanceraient. Elle en fit
donc venir de Londres. Deux des plus
fameux donnèrent leur consultation
et retournèrent dans la capitale, tandis que le troisième resta près du lit

du malade, pour faire exécuter ce que ses confrères avaient ordonné. Grâces à ses soins le Lord revint à la vie, mais non à la santé. Chose assez remarquable dans ceux qui font un usage fréquent des disciples d'Esculape, ils les empêchent de mourir, et ne savent les faire vivre; car est-ce vivre que de souffrir sans cesse? C'était là la position du pauvre Lord depuis cette dangereuse maladie. Il ne faisait plus que languir; l'air marécageux qu'il respirait ne lui laissait pas la crainte d'avoir encore de longs jours. Aussi lorsque ses voisins le pressaient de retourner à Clariss, il disait, j'en serais bien fâché.

Ce qui est difficile à croire et à comprendre, et qu'on ne se permettrait pas d'écrire dans un roman, tant ce fait est peu vraisemblable, c'est que jamais Milady ne s'était mieux portée, n'avait été si gaie, n'avait eu moins de caprices. Serait-il possible de croire que toutes les facultés de son être, étaient réunies dans l'espérance de voir son époux lui rendre la liberté par sa mort, et que cette espérance la défendait contre l'ennui qui dans toute autre situation l'eût anéantie! Non-seulement elle avait adopté un genre de vie contraire à ses goûts, mais encore on la vit toujours assidue dans la chambre du malade; elle apprêtait tout ou faisait apprêter devant elle ce qu'il devait prendre, et son exactitude était extrême. Pas une minute de retard, pas un grain de plus ou de moins; aussi le Lord étonné de tant d'attentions de sa part, lui dit un jour, qui est-ce qui peut donc, Madame, vous attacher depuis quelque temps à un malheureux à qui vous avez dit vous-même, que vous le haïssiez, qu'il ne pouvait plus rien faire pour vous que de mourir? Avez-vous pu, reprit l'astucieuse Duchesse, prendre pour sérieux une plaisanterie? Quoi! ignorez-vous combien vous m'êtes cher? — Oui, je vous l'avoue, je l'ignore. — C'est moi qui devrais me plaindre. Ne m'avez vous pas préféré cette petite Eugénie, un enfant qui ne pensait pas même à vous? — Moi, j'ai témoigné de la bienveillance à la fille de votre amie, ai-je dû croire que c'était un crime auprès de vous? Mais pourquoi en chercher d'autre auprès de vos Grâces que celui d'être votre époux; j'en subis la peine; mais bientôt je ne souffrirai plus. Cependant, pour vous tranquilliser sur un point qui sûrement vous importe fort, je vous apprends que le testament que j'ai fait aussitôt notre mariage, par lequel je vous donne l'usufruit entier de ma fortune qui, à votre mort, passera au chevalier Meadows, deshéritant, pour cause à moi connue, Evelyn Meadows, l'aîné de mes neveux, est resté dans toute sa force et que je n'y changerai rien, pas même la clause du testament qui peut-être vous déplaira, de ne pouvoir vous remarier. — Quelle a été votre raison? — C'est qu'ayant été fait dans un temps où je vous adorais, je craignais qu'en vous laissant une aussi grande fortune, elle ne vous servît à passer à d'autres nœuds; j'ai expressément dit par cet acte, que vous ne pourriez conserver ma for-

tune qu'autant que vous conserveriez
mon nom. — Voilà une singulière dis-
position ; et en vérité, que vous fait,
après votre mort, que je vous aime ou
non , que je porte votre nom ou celui d'un autre ? — Ce que cela me fait !
à présent fort peu de chose ; mais alors
cela m'importait beaucoup parce que
je vous aimais à l'idolâtrie , et que je
ne supportais pas la pensée que vous
fussiez à un autre après ma mort. Je
portais, je l'avoue, la jalousie au-delà
du tombeau. — Mais puisqu'à présent cela vous est égal, vous devriez
bien rayer cet article comme une
preuve de faiblesse que vous ne voulez pas qui soit connue. — Non, je n'y
changerai rien.— Vous avez tort ; que
dira-t-on de vous et de moi en lisant
votre testament ; voulez-vous qu'on

sache qu'à votre âge vous m'avez adorée, et que vous me connaissiez une
telle propention au changement que
vous avez cru nécessaire d'enchaîner
ma liberté; ne serait-il pas plus ho-
norable pour vous que je ne quittasse
point votre nom, plutôt par respect
pour votre mémoire, que parce que
je craindrais de perdre un gros revenu? Le Duc dit que c'était inutilement qu'elle le lui demandait, ou
qu'il supprimerait entièrement le testament ou qu'il le laisserait en entier.
Lady n'osa pas insister, et continua
à avoir pour le Duc les mêmes égards.
Celui-ci y répondait par une douceur
inaltérabble, malgré l'état de souf-
france où il était depuis sa dernière
maladie.

Pendant sa convalescence il avait

écrit à mistriss Barkle qui lui avait
répondu avec une extrême sensibilité;
mais point n'avait nommé Eugénie.
Vingt fois il avait été au moment de
partir pour Clariss, et d'envoyer de là
le libelle de divorce à sa femme; mais il
résista à ce désir, et la violence qu'il se
faisait à lui-même, comme l'avait
pensé sa tendre moitié, ajoutait à ses
douleurs physiques. Elles devinrent
si fortes, qu'étant assuré que le coup
mortel était porté, il chercha quelque
adoucissement à sa situation en allant
à Londres, sans en prévenir Elizabeth.
Il donna ordre qu'on mît les chevaux,
et au moment de monter en voiture,
il dit à Lady qu'il partait pour la capitale. Milady voyant que c'était un
parti pris; attendez-moi, dit-elle, je
pars avec vous; et en effet, ayant
donné

donné quelques ordres à ses femmes,
elle se plaça auprès du Duc, et revint
à Londres aussi enchantée qu'elle l'é-
tait, en pensant que bientôt elle y serait parfaitement libre, étant impossible que le Lord revînt à la vie.

Tous ses amis furent frappés de
son effroyable changement. Ce Duc
qui avait été un des plus beaux hommes de la Cour, ne voulut pas même
s'y montrer dans la crainte de n'y pas
être reconnu. Il avait perdu ses cheveux, ses dents; il marchait tellement
voûté qu'il fallait qu'il s'appuyât sur
une canne, pour aller au bout de son
jardin. Les médecins qui l'avaient vu
dans sa dernière maladie, dirent qu'il
n'avait pas quinze jours à vivre. Il les
força à lui prononcer son arrêt, il l'en-
tendit avec une grande tranquillité et

Tome III.   8.

comme une chose qu'il désirait depuis long-temps.

A peine la Duchesse le sut-elle qu'elle allât trouver M. Field procureur du Duc (cet homme avait toute sa confiance), pour l'engager à changer l'article, qui l'empêcherait de se remarier. Elle lui promit une boîte d'or pleine de guinées ; mais, soit que M. Field ne trouvât pas le présent suffisant, ou qu'il ne voulût pas se compromettre en parlant au Duc du désir de Lady, soit que le Lord ne voulût point y consentir, l'affaire en demeura au même point. Rien ne changea au sujet de la Duchesse. Cependant M. de Kingston fit un codicile dont nous allons dire la cause.

Le Duc ayant su qu'il n'avait que quelques jours à vivre, envoya un valet-de-chambre de confiance avec une lettre pour Polli, qu'il lui recomman-da de remettre à elle-même, et lors-qu'elle serait seule. Le billet que le pauvre Lord avait écrit, était d'une si mauvaise écriture, tant il était faible, que Mistriss eut toutes les peines du monde à lire ces mots.

Billet du Duc de Kingston à Mis-triss Barkle.

A Londres, le 5 avril 1754.

« Ma chère et honorée Mistriss,

» Si vous voulez que mes derniers momens soient un peu moins pénibles, faites-moi l'extrême plaisir ainsi que le chevalier Barkle, votre fils aîné et Eu-génie de venir me voir avant que je quitte la scène du monde, où je fais depuis quelque temps un personnage assez ridicule. Je suis sûr que Lady sera contente de vous avoir dans l'instant du dénouement, et moi-même, par cette vanité qui veut prolonger nos facultés au-delà de notre vie, je désire que vous soyez chez elle, lorsque je mourrai, pour qu'elle conserve au moins quelque décence, et n'apprenne pas au public par une joie inconsidérée, à quel point elle m'a rendu malheureux. C'est avec bien de la peine que je trace ces lignes. Je souffre beaucoup, bientôt je ne souffrirai plus, et mon ame libre alors des tristes conventions humaines, pourra se livrer à ses plus tendres sentimens sans craindre de reproches ; vous connaissez ceux avec lesquels j'ai l'honneur d'être, etc.

LORD DUC DE KINGSTON ».

Polli en recevant cette lettre éprou-
va la plus sensible douleur. Elle aimait tendrement le Duc, elle voyait
qu'il mourait . de chagrin, et cette
pensée lui rendait sa perte plus sensible. Elle fit part à son mari de cette
douloureuse nouvelle, et M. Barkle
n'hésita pas un instant à partir pour
Londres avec sa famille. Jamais voyage
ne fut plus triste. Le valet-de-chambre du Duc n'avait pas laissé ignorer
à Mistriss, qu'il était possible qu'ils ne
trouvassent pas le Lord. On se hâta,
et cet infortuné existait encore quand
ses amis arrivèrent à Londres.

Milady vint les recevoir à la porte
de l'appartement du malade, elle
avait l'air triste, et on eût dit réellement qu'elle regrettait son époux ;
mais le sujet de son chagrin ne tenait

qu'à la clause du testament , qu'elle n'avait pu faire révoquer; elle en était si occupée qu'elle donna à peine à Polli le temps d'entrer dans la pièce qui précédait la chambre du Lord , pour lui dire : croiriez-vous , mon amie , qu'il a la tyrannie de ne m'assurer la jouissance, ma vie durante, de sa fortune, qu'autant que je ne me remarierai point. Ce n'était pas la peine qu'il mourût, puisque je ne serai pas plus libre de faire un nouveau choix, que s'il vivait encore. Est-il possible, lui dit mistriss Barkle, que vous vous occupiez de vous remarier, quand celui à qui vous devez tout, se meurt ?

— Est-ce ma faute ? Mais puisque le ciel m'accorde cette faveur, au moins voudrais-je en profiter. — O mon dieu ! quel cœur est donc le vôtre! dites-moi

au moins comment il va aujourd'hui.
— Mal, à ce que disent les médecins ;
mais avec tout cela rien ne finit. Vous
allez le voir, il est fort changé, ce n'est
plus le beau Kingston ; mais il se lève
encore et marche quelques tours dans
sa chambre ; il mange un peu, et prend
encore le thé avec moi tous les soirs ,
ainsi il n'est pas au dernier terme de
la vie et pourrait en revenir ; et jetant
un regard sur Eugénie qui pleurait ;
d'ailleurs , quel miracle , ajouta Lady,
ne feront pas des larmes versées par
d'aussi beaux yeux !

Polli ne savait comment détourner
l'attention de sa fille sur ces impru-
dentes paroles. Elle se reprochait d'a-
voir cédé aux instances du Lord. S'il
était vrai qu'il ne fût pas aussi mal,
n'était-ce pas compromettre sa fille

que de l'amener chez lui. Elle hésitait
si elle la laisserait entrer dans la chambre du Duc, lorsque celui-ci ayant
entendu du bruit dans la pièce voi-
sine, et pensant que ce pouvait être
Mistriss, fit ouvrir les battans, et l'a-
percevant, il s'appuya sur les bras de
son médecin et de son aumônier pour
venir au-devant d'elle. Eugénie, la
bonne et sensible Eugénie, fit un cri
en le voyant dans un si triste état ; et
par un mouvement qui peignait toute
l'innocence d'un sentiment sans reproches, elle alla se jeter dans les bras
de celui qu'elle appelait son ami. Mon
Dieu! dit-elle, dans quelle situation
nous vous retrouvons! et ses larmes
recommencèrent à couler. —Je suis
trop heureux - dit-il, puisqu'en mourant, Eugénie daigne me pleurer.—
Vous,

Vous, mourir, mon cher Lord ; non, n'est-il pas vrai, maman, qu'il ne mourra pas ? Madame la Duchesse vous seriez bien plus affligée si vous redoutiez ce malheur. — Sûrement, ma petite, reprit la Duchesse, qui n'osa pas laisser voir encore une fois sa profonde ingratitude en présence d'Eugénie qui n'avait pas compris ses premiers discours. Quant au Lord, les douces caresses d'Eugénie parurent un moment le ranimer ; il salua Mistriss comme un homme qui ne savait comment exprimer sa reconnaissance. Il prit la main du chevalier Barkle : je vous revois encore, mon cher ami, C'est pour moi une grande consolation ; viens, mon George Barkle, que je t'embrasse, et il le serra contre son cœur. Mais toutes ces différentes émo-

tions avaient épuisé les forces du Duc;
il se fit ramener sur sa chaise longue,
où il ne fut pas plutôt qu'il eut une faiblesse de plus d'une heure. On ne se
fait pas d'idée de la douleur d'Eugénie. La pauvre enfant n'avait pas encore vu la mort d'aussi près. Elle frap-
pait un homme qui ne lui avait donné,
depuis qu'elle le connaissait, que des
témoignages d'affection; un homme
encore jeune, qu'elle avait vu beau
et aimable, l'un des grands seigneurs
de la Cour britannique dont les revenus étaient immenses. Quelle ter-
rible leçon sur la vanité de tout ce que
les hommes regardent comme des
biens et dont aucuns ne sont réels,
puisqu'il faut les perdre tous à la mort !
Cette pensée porta Eugénie aux plus
sombres réflexions; puisque M. de

Kingston se meurt , à plus fortes raisons mon père qui est bien plus âgé
que lui .... et elle soupira. Grand
Dieu ! se dit-elle aussitôt , épargnez
ma mère qui est née en même temps
que notre malheureux ami, et elle
restait presqu'aussi immobile que le
Duc. Mistriss voyant l'état douloureux où se trouvait sa fille, voulut
l'emmener hors de la chambre du malade ; mais Eugénie la supplia de l'y
laisser : je veux le voir au moment où
il rouvrira les yeux, je suis sûre que
cela lui fera plaisir, que nous ne l'ayons
point abandonné.

Pour Milady, elle se promenait à
grands pas dans la chambre avec le
chevalier Barkle, disant toujours, ce
n'est qu'une faiblesse, il en reviendra ;
puis elle causait d'objets qui n'avaient

aucuns rapports à ces tristes circonstances avec une tranquillité inconce-
vable. Sir Barkle n'en revenait pas et
regardait de temps en temps sa femme
pour lui en marquer son étonnement.
Enfin M. de Kingston ouvrit les yeux,
et regardant Polli avec une expression
qu'aucuns mots ne peuvent peindre,
il lui tendit la main : Charmante amie,
je vous revois encore, je me croyais
descendu aux sombres bords, et je
m'affligeais en pensant que je ne vous
avais pas fait mes adieux ; et ayant ap-
pelé son valet-de-chambre, il lui dit
d'aller chercher son notaire. Cet ordre
fut bientôt rempli, et Lady en le
voyant entrer, ne sut si elle devait se
livrer à la crainte ou à l'espérance.

Le Lord qui se douta de ce qui l'a-
gitait, l'appela et lui dit : Soyez tran-

quille, Madame, je ne changerai rien
à mes dispositions, vous jouirez, du
moment de ma mort, de mes revenus (*); mais comme il y aura des
sommes considérables d'échues qui ne
vous appartiendront pas, je compte
en disposer pour satisfaire mon cœur
et marquer ma reconnaissance à ceux
qui m'ont rendu des services, et pour
le soulagement des pauvres. Que vous
coûterait-il alors d'y ajouter, dit la Duchesse, que vous me permettez de me

---

(*) Ils étaient si considérables que, malgré les dépenses énormes que Lady fit dans
toutes les années qui suivirent la mort du
Duc, elle laissa en biens fonds et meubles,
fruits de ses économies, deux cents mille
livres sterlings, c'est-à-dire, plus de quatre
millions de notre monnaie.

remarier ? Le Lord haussa les épaules et ne répondit rien, et ayant prié qu'on le laissât seul, il fit un codicile dans lequel il confirmait les dispositions de son testament, donnait à chacun de ses domestiques cinquante livres sterlings par année de service, autant à chaque ménage qui habitait ses terres, laissant en outre au ministre de chaque paroisse une somme de cinq cents livres sterlings, pour les malades, les enfans, les vieillards. Ces sommes prélevées, il laissait tout le superflu de ces revenus échus, à miss Eugénie Barkle pour sa dot, afin que l'heureux mortel qui lui serait uni, trouvât en elle tous les dons réunis, celui de la fortune, quelque considérable qu'elle pût être, étant infiniment au-dessous de ceux qu'elle a reçus du ciel ; et ce-

pendant cette dot était de plus de
quinze mille livres sterlings.

Le Duc ayant rempli des devoirs
si chers à son cœur, pria Polli de rentrer. Il était calme, une douce sérénité
se peignait sur son front. Il parla de
l'espoir d'une vie meilleure que celle-
ci avec une tranquillité qui prouvait
assez qu'il n'avait aucun reproche à se
faire. Il s'efforçait même à avoir avec
la Duchesse un ton affectueux qui
semblait lui dire, je vous pardonne
ma mort. La physionomie de madame
de Kingston ne peignait que l'ennui.
Enfin n'y pouvant pas tenir, elle dit
au Lord : Vous avez si bonne com-
pagnie que je ne vous suis pas nécessaire. Je n'ai pas encore fait ma cour
depuis que je suis à Londres, j'ai le
temps de me rendre au cercle de la

Princesse, et elle remonta dans son appartement, d'où elle descendit deux heures après dans la plus brillante parure. Le Lord lui en fit compliment. Je ne crois pas, ajouta-t-il, que vous paraissiez encore long-temps avec cette robe, les habits de deuil la remplaceront bientôt. Plût au ciel, dit-elle entre ses dents ! et Mistriss en ressentit une telle indignation, qu'elle eût bien de la peine à la dissimuler.

Lady partit, et lorsqu'elle entra dans la galerie un murmure général lui apprit qu'elle n'avait rien perdu de son éclat. Milady Harrington et Miss Asch qu'elle n'avait pas vues depuis un an, et avec lesquelles elle avait entretenu une correspondance très-exacte, firent un cri de joie en la voyant, et l'embrassèrent avec un extrême tendresse. La Princesse la reçut avec sa bonté accoutumée, la fit asseoir auprès d'elle , et lui demanda des détails sur sa longue absence.

Milady les embellit par le charme de sa narration toujours semée de traits satyriques qui attachent l'attention bien plus que les louanges. On parla peu de la maladie du Duc, qu'elle laissa entrevoir être plus l'effet de l'imagination que des souffrances réelles.

La Princesse enchantée de revoir madame de Kingston à sa Cour dont elle faisait l'ornement , lui dit : puisqu'il n'est pas aussi mal qu'on l'assurait, vous passerez la soirée avec moi; il y aura spectacle. Milady à qui le seul désir de se débarrasser de son époux, avait pu rendre possible la

privation de tous les plaisirs, n'eût pas
de peine à céder aux offres de celle
qui avait eu si long-temps le droit de
lui donner des ordres ; elle resta au
palais. Le spectacle, le souper ne fini-
rent qu'à trois heures du matin, et il
en était près de quatre, quand elle
pensa à rentrer chez elle.

Aussitôt son départ, le Duc avait
appris à ses amis ce qu'il venait de lé-
guer à Eugénie. J'eusse voulu faire
davantage, mais j'ai craint d'attirer
l'attention de la basse envie, ou au
moins la malignité générale sur le
sentiment le plus pur qui fut jamais.
Ce faible hommage que je rends aux
vertus de ma chère Eugénie n'étonnera
personne, en sachant votre intimité
avec Lady, et suffira, joint à votre fortune, pour lui faire faire un mariage

sortable. Vivez, lui disait toujours Eugénie, qu'ai-je besoin de vos richesses, c'est vous que j'aime, répondait-elle avec la plus naïve innocence. — Ah ! ne répétez pas souvent ce mot, je mourrais avec trop de regret. —Quoi ! vous seriez fâché que je vous aimasse ? — Vous ne m'entendez pas, ma chère petite ; et il fit signe à Polli de venir près de son lit qu'il n'avait pu quitter depuis son évanouissement. Alors il lui raconta tout ce que nous avons écrit des procédés inouïs de Lady , ce qui la fit prendre à Polli dans une telle haine qu'elle jura qu'aussitôt la mort du Duc, elle repartirait pour Plymouth, et qu'elle ne la reverrait jamais.

Hélas ! ce moment était beaucoup plus rapproché qu'on ne l'avait imaginé. Il prit au Lord une toux convulsive qui inquiéta Mistriss. Elle envoya chercher le médecin. Il dit que c'était le dernier accident qu'il craignait, qu'il serait, selon toute apparence, suivi d'une hémorragie et qu'alors il n'aurait que quelques heures à vivre. Cet habile homme n'avait que trop bien conjecturé, l'hémorragie eut lieu comme il l'avait dit. Mistriss sachant que c'était le terme de la vie de cet infortuné, lui demanda s'il voulait qu'on allât avertir Lady. —Gardez-vous en bien, dit-il, c'est le ciel qui a lui inspiré de s'éloigner de moi à l'instant où je vais terminer ma vie, pour que je n'aie pas la douleur de la voir à mes derniers momens. Je ne veux que vous, mes amis. En s'adressant au chevalier Barkle : ayez la bonté de ne me point quitter, et ma mort sera trop douce. Chère Eugénie, ce spectacle est peut-être trop triste pour vous ; si vous ne vous sentez pas la force de le soutenir, retirez-vous avec votre frère dans mon cabinet où Mistriss ira vous joindre quand je ne serai plus. Eugénie assura qu'elle ne le quitterait point. Alfred en dit autant, et ces bons enfans et leurs respectables parens entourèrent le lit de leur ami mourant, qui s'affaiblissait de moment en moment. L'aumônier lui parla de Dieu avec une pieuse éloquence. Le Duc dit qu'il l'avait toujours aimé plus que toute chose, et fait à son semblable tout le bien qui avait dépendu de lui ; qu'il ne lui restait qu'un commandement difficile à suivre, l'amour des ennemis ; que cependant, en laissant à Lady une fortune immense, il croyait avoir prouvé qu'il était incapable de haine ; que ce n'était point lui qui l'avait éloignée à ses derniers momens. Il faudrait, dit l'aumônier, l'envoyer avertir.—Si cela est nécessaire, j'y consens. Et l'aumônier écrivit un billet qu'il donna ordre que l'on portât au palais ; et comme on y arrivait, la Duchesse montait en chaise, ce qui lui fit heureusement dissimuler aux yeux de la Cour la joie qu'elle ressentit en apprenant que le Duc n'avait que quelques momens à vivre. Elle se garda bien de le dire à ses porteurs dans la crainte qu'ils ne hâtassent le pas, désirant vivement de ne se point trouver à ce triste spectacle, non par sensibilité pour le Duc, mais par un retour sur elle-même qui lui faisait craindre de penser qu'un jour sa dernière heure arriverait aussi.

Le Duc qui ne désirait pas moins

de ne la revoir jamais, hâta par ses vœux la fin de ses souffrances. Le ciel l'exauça. O mon amie! dit-il à Polli, daignez placer la main d'Eugénie dans ma main mourante, et ma dernière pensée aura le charme de l'illusion. Eugénie approcha sa main en tremblant de celle du Duc, sans comprendre ce qu'il avait voulu faire entendre par cette action; mais c'est inutilement qu'elle veut lui donner ce témoignage d'affection. La mort a déjà glacé cette main qu'il étendait pour saisir celle de l'objet de son respectueux amour. Cette main retombe sur le lit sans mouvement. Les yeux du Duc, en se tournant sur Eugénie, sont couverts pour jamais des ombres du trépas.

Il n'est plus, s'écrient ses amis, en tombant à genoux autour de son lit, au moment où la porte est ouverte par lady Kingston qui ne put douter que le Duc avait cessé d'être. Un reste de respect humain la força de plier les genoux auprès de Polli en détournant ses regards dans la crainte de rencontrer les traits du Lord, défigurés par la mort; mais elle ne resta qu'un instant, et ayant dit à l'aumônier, qu'elle le chargeait de tous les détails funéraires qu'elle désirait qui fussent de la plus grande magnificence, elle ajouta, quant aux affaires on ne pourra s'en occuper qu'au jour, je tombe de sommeil et je vais me coucher. Polli prit sa fille par la main. Le chevalier et son fils la suivirent. Ils se retirèrent dans un appartement que le Duc, avant de mourir, avait ordonné qu'on préparât à Mistriss. Ils se jetèrent sur

les

leslits ; car ils étaient accablés de fatigue. Le sommeil ferma leurs paupières, et ils ne perdirent pas même en dormant le souvenir de leur malheureux ami qu'ils croyaient encore voir et entendre.

La Duchesse dormit mal. Son ame était en proie aux remords qui venaient malgré elle lui faire sentir leurs pointes déchirantes ; mais ils se turent à la voix de l'ambition et de l'amour de l'or qu'elle allait avoir tant de moyens de satisfaire. Elle ne voulait point se trouver tête-à-tête avec Mistriss, dont la tristesse était pour elle un reproche. Elle envoya prier milady Harrington et miss Asch de venir la voir, et défendit qu'on entrât dans son appartement avant que ces dames y fussent.

Elle pouvait se dispenser de donner cet ordre. Mistriss qu'elle ne voulait pas recevoir chez elle, avait encore moins de désir de la voir ; son premier dessein aurait même été de partir sans lui faire ses adieux, si, se souvenant du désir que le Lord lui avait témoigné qu'elle ne quittât pas Lady dans les premiers momens, elle n'avait cru devoir attendre quelques jours, pour savoir de quelle manière elle se conduirait ; mais elle ne se hâta pas de sortir de son appartement où Eugénie et son père dormaient encore.

Le vieil écuyer qui était venu chez M. Barkle la première fois qu'Elizabeth s'y était trouvée, ayant su que Mistriss était levée, lui fit demander la permission de la voir. Il aimait tendrement son maître qu'il avait vu très-jeune, et sa mort lui avait été aussi

sensible que si c'eût été son propre
fils.

Il était indigné de la conduite de
Milady ; et cherchait à exhaler son
ressentiment contre elle ; il vint donc
trouver Mistriss. Je viens, Madame,
lui dit-il en entrant, pleurer avec vous
Milord ; car avec Lady , ce serait bien
inutilement que je l'espérerais, et aussitôt il fit à Polli les plaintes les plus
amères d'Elizabeth. C'est elle qui est
cause de sa mort ; mais le ciel est juste,
il la punira. Mistriss , quoiqu'elle pen-
sât bien comme Palmer, cherchait à
excuser l'amie de son enfance ; mais
l'écuyer la connaissait trop bien. Il
avait été attaché au duc Hamilton,
dans le temps de ses amours avec la
Duchesse, il était entré au service de
lord Heryey lorsqu'il se maria avec

miss Chudleigh. Palmer s'était trouvé à la scène de Clamsfort ; et depuis le Lord Duc, dont il avait servi le père, l'ayant rencontré dans Westminster, le demanda au lord Hervey, qui le lui céda volontiers. Ainsi Palmer avait été témoin de tous les caprices d'Elizabeth avec les deux hommes qu'elle aurait dû s'occuper à rendre heureux, si la reconnaissance eût eu quelque droit sur son cœur ; mais enivrée par l'encens que l'on offrait à sa beauté, elle croyait avoir assez fait pour ses maris en leur ayant donné quelques droits sur elle dont elle se ressaisissait le plus promptement possible.

Palmer apprit à Mistriss l'ordre que Lady avait donné de ne laisser entrer que ses incomparables amies, ce qui la décida entièrement à partir sans la revoir. Elle écrivit un billet dont elle chargea Palmer. Il portait en substance : Qu'ayant su qu'il n'y avait pas moyen de pénétrer jusqu'à elle, elle se déterminait à retourner avec sa famille dans sa chère solitude, lui souhaitant toute sorte de satisfaction, et l'engageant seulement à se souvenir aussi qu'elle devait sa grandeur et sa fortune au lord duc de Kingston, pour ne pas laisser apercevoir le plaisir que lui causait sa mort, etc.

Pendant que Mistriss écrivait, le Chevalier vint dans le cabinet où Mistriss avait reçu Palmer ; il demanda à l'écuyer ce que lui avait dit Milady.—Rien, et je ne crois pas que nous ayons de longs et fréquens entretiens. Aussitôt que les obsèques de mon maître seront faites, je me retirerai dans une petite maison dans la Citée, où j'attendrai paisiblement, grâce aux bontés du Duc, que je puisse l'aller joindre.

M. Barkle ayant su l'intention où était Palmer de quitter la maison de lady Kingston, et partageant l'empressement de sa femme de s'éloigner de la Duchesse, il convint avec l'écuyer de lui donner sa procuration pour recevoir le legs d'Eugénie, et ils sortirent ensemble pour la faire expédier. Pendant ce temps Mistriss fit lever sa fille. Palmer en sortant avait donné ordre qu'on mît les chevaux à la voiture du Chevalier, et à son retour tout était prêt.

Milady ayant vu de ses fenêtres avancer la voiture, demanda qui partait. — C'est Mistriss Barkle. — Oh!

tant mieux, dit-elle, elle ne pouvait
me faire plus de plaisir, et elles ne se
sont jamais revues depuis.

Les incomparables amies se rendi-
rent à l'invitation de la belle veuve, et
n'eurent pas, comme on sait, à la con-
soler ; mais elles l'aidaient merveilleu-
sement à régler les moyens de supporter l'ennui de son deuil. Elles lui con-
seillèrent de se faire ordonner les eaux
par son médecin, comme un moyen
d'échapper à cette triste étiquette des
six mois qu'il eût fallu qu'elle eût passé
à Londres enfermée dans son hôtel.
C'est assez, disait miss Asch, qu'un
mari vous ait excédée pendant sa vie,
sans vous ennuyer encore après sa
mort. Elles lui promirent de quitter
la capitale avec elle ; et à peine le corps
de Lord était-il porté dans la sépul-

ture de ses ancêtres, que ces trois folles partirent pour Bath, laissant à l'intendant de Lady le soin de prendre une connaissance exacte de ce qui lui revenait par le testament du Duc, et de lui envoyer aux eaux tout l'argent dont elle aurait besoin, et Dieu sait ce qu'elle en dépensa. Il n'était bruit que de ses prodigalités. Ce fut bien pis lorsque l'hiver ramena à Londres l'illustre veuve. Elle égala par son luxe les princesses de la famille royale, et ses folies en ce genre allèrent si loin, que le peuple en fut scandalisé, surtout de sa fureur pour le jeu, et on fit circuler des billets imprimés, ainsi conçus :

Avis

Avis aux Femmes , communiqué particulièrement à Milady K.

« On vous a prouvé mille fois, Mesdames , que votre fureur pour le jeu causerait la perte de votre salut. Vous allez être forcées de convenir, par le calcul qui va être mis sous vos yeux , que cette passion n'est pas moins ruineuse pour votre bourse. On suppose que vous ne jouez point le dimanche; vous payez chacune pour les cartes un schelling et demi (près de trente-six sous de France), c'est à la fin de l'année vingt-trois livres huit sous sterlings (à peu près vingt-trois louis d'or). Si vous en perdez encore autant dans le cours de l'année, c'est donc une somme de quarante-six livres sterlings hors de votre poche (un peu moins

Tome III. 11

de quarante-six louis). Si vous la gagnez, les cartes empêchent qu'il ne vous reste aucun profit. Vous n'avez peut-être jamais fait attention que quarante-six livres dix sous sont l'intérêt de quinze cents livres à trois pour cent, etc. ».

Polli et sa famille étaient retournées dans leur chère solitude où ils s'occupèrent long-temps de la fin malheureuse du Lord. Eugénie savait à peine qu'elle était, grâce à l'amitié du Duc, bien plus riche que ses frères et sœurs, et elle n'en était pas moins soumise, et respectueuse auprès de ses respectables parens.

Ils avaient conservé, comme je l'ai dit, des relations avec Palmer, qui leur avait fait passer en billets de l'E-

chiquier le legs d'Eugénie. Son père
avec une partie de cet argent, acheta
pour sa fille Clariss, que Lady, à qui
appartenait cette terre, vendait, comme lui rappelant de désagréables sou-
venirs, et en attendant qu'Eugénie eût
atteint sa vingtième année, temps que
son père avait fixé pour son mariage,
la famille devait passer six mois dans
leur ancienne habitation près Plymouth et six mois à Clariss, qui était
dans la plus belle position qu'on pût
imaginer, et dont les jardins renfer-
maient ce que les deux mondes ont
de plus rare en arbres et en plantes
de toute espèce. La famille Barkle y
était depuis environ un mois, lorsqu'ils
y reçurent une lettre de Palmer qui
leur donnait des nouvelles de Lady.
Voici comme il s'exprimait sur son

compte dans sa lettre au chevalier Barkle :

« Vous savez sûrement, Monsieur, que notre nation observe exactement le dimanche. Dans les confessions, qui s'impriment, de ceux qui sont condamnés à la mort, ils commencent toujours par cet article ; ils ne parlent jamais des plus grands crimes qu'après celui d'avoir manqué à l'observation du jour du Seigneur. Un dimanche donc, comme l'heure approchait où Milady devait sortir de son hôtel, pour se rendre à une assemblée où l'on savait qu'elle jouait très-gros jeu, une multitude immense se rassembla autour de sa voiture, et arrêta ses chevaux. L'effroi la saisit ; elle demande ce qu'on lui veut. Alors du ton le plus capable de la rassurer, quoique ferme et imposant, on la prie poliment de sortir de sa voiture. Elle fait des difficultés; on insiste, elle obéit à la fin. Celui qui portait la parole lui adressa ensuite ce discours : « Nous savons, Milady, que vous » menez une vie trop peu édifiante ; » votre passion pour les plaisirs vous » fait oublier ce que vous devez au » jour du Seigneur ; c'est l'intérêt » que l'on prend au salut de votre » ame, qui vous attire cette petite re- » montrance de notre part. Vous ne » vous refuserez pas de jurer sur les » Saintes Écritures, que nous avons » l'honneur de vous présenter, que » vous renoncez aujourd'hui, si ce » n'est pas pour toujours, à une pas- » sion qui vous déshonore ». La

Duchesse était muette; on eut toutes
les peines du monde à lui arracher ce
serment; mais on parlait avec tant
d'autorité, qu'il fallut à la fin se sou-
mettre à ce qu'on exigeait d'elle. On
lui dicte les paroles l'une après l'autre; elle répète à haute et intelligible
voix, quoique tremblante; enfin elle
baise le saint livre et se dispose à re-
monter dans sa voiture; mais un second orateur, non moins poli que le
premier, l'arrête à l'instant même :
« Vous savez, lui dit-il, Milady, que
» l'humilité est une des vertus les
» plus agréables à Dieu; jamais vous
» n'aurez une plus belle occasion de
» la pratiquer : nous allons vous es-
» corter jusqu'au bas du perron de
» votre escalier. Vous n'aurez que la
» rue à traverser, pour retourner à

» pied au milieu de nous »..... Et elle fut ainsi reconduite en pompe, entourée de l'obstiné cortège, qui la louait de sa docilité, et qui ne se dispersa qu'après l'avoir vue rentrer chez elle ».

Une pareille aventure devait déplaire extrêmement à notre héroïne. Elle prit en haine un pays où on avait osé lui imposer des lois, elle qui n'en avait jamais voulu recevoir de qui que ce soit, pas même de ses époux. Elle était aussi depuis quelque temps moins enchantée de ses tendres amies, et elle sentait qu'elle ne pouvait rompre avec elles sans une sorte de ridicule. Elle ne vit qu'un voyage qui pût relâcher, sans que l'on n'eût rien à dire, cette intimité dont elle était lasse. Elle désirait depuis long-temps voir l'Italie, et sur-tout Rome, dont ses compatriotes, à leur retour de cette ville, parlaient avec tant d'éloges.

Il n'y aurait eu rien de si simple que de passer à Calais, traverser la France; et soit qu'elle se fût embarquée à Marseille, ou qu'elle eût passé les Alpes, elle se serait rendue facilement à Rome. Mais alors c'était faire comme tout le monde, et j'espère que le lecteur a remarqué dans ces Mémoires que c'était ce que la Duchesse avait le plus en antipathie. Elle imagina donc de faire construire, sur la Tamise, un yacht de la plus grande magnificence, qui devait la porter en Italie. On eut beau lui faire observer qu'un si frêle batiment pouvait courir

infiniment plus de dangers qu'une fré-
gate, elle tint à son projet ; et abandon-
nant sa patrie pour quelque temps, elle
monta son yacht à la vue d'une foule immense qui s'étonnait de cette nouvelle
fantaisie, et dont fort peu se doutaient
qu'elle l'avait fait équiper pour un aussi
long voyage. On s'imaginait qu'elle n'a-
vait d'autre projet que de traverser la
Manche, d'aller en France étaler son
luxe, et essayer si elle pourrait y trouver quelque nouveau genre de plaisir,
dont elle n'avait point encore joui. Mais
bientôt on sut que ce frêle et somp-
tueux bâtiment devait longer les côtes
de Bretagne, en passant devant nos
ports qui étaient dignes de fixer l'attention de la belle voyageuse. Sans
qu'elle daignât s'y arrêter, pour aller
passer le détroit où elle était loin d'i-

miter Hercule, ne faisant que commencer de là ses voyages, elle envoya un canot à terre, pour complimenter le lord Cornwallis, alors gouverneur de Gibraltar, et l'engager à venir la voir sur son yacht. Le Comte s'y rendit aussitôt avec les principaux officiers de son état-major, et quelques dames anglaises. Le canot revint aussitôt lui en donner avis, rapportant de l'eau fraîche et des provisions, qu'elle avait chargé le patron de lui faire avoir à terre. En un clin d'œil Lady fit préparer la plus belle collation sur le pont de son bâtiment. Elle reçut le gouverneur, et ceux qui l'accompagnaient, avec une grâce infinie. Beaucoup étaient venus par curiosité, pour savoir s'il était vrai que la Duchesse fût aussi belle qu'on le disait, et ils la trouvèrent bien au-delà de ce qu'ils avaient imaginé ; on l'eût prise pour Thétis dominant sur les flots.

Les vieux marins qui se trouvèrent à cette fête la suppliaient de monter un vaisseau de roi, que chacun s'empresserait de commander sous ses ordres, et qui la conduirait par-tout où elle voudrait aller; qu'il y avait une extrême différence de s'exposer sur la Méditerranée, où la navigation est bien plus dangereuse que sur l'Océan. Mais quand Elizabeth avait formé un projet, rien ne pouvait la faire changer d'idée. Ainsi, malgré les prières du comte Cornwallis, elle se mit en mer sur son yacht, acceptant cependant un pilote-côtier, pour passer le détroit, et qu'elle devait remettre à

terre à Mahon, où elle voulait relâcher pour visiter Minorque.

A peu de distance de l'Espagne,
elle eut lieu de regretter de n'avoir
pas suivi le conseil des marins les plus
expérimentés. Un vent d'est s'éleva,
et faisait chasser le yacht à la côte,
où sans contredit il eût été brisé, sans
l'habileté du pilote. Elizabeth lut sur
tous les visages le danger où elle s'é-
tait exposée. Elle n'en fut point ébran-
lée, ou du moins ne parut pas l'être.
Elle encourageait l'équipage, pro-
mettait des récompenses si considérables, s'ils pouvaient continuer leur
route jusqu'à Rome, qu'en effet les
pilotes firent des manœuvres si justes,
et avec tant de précision, qu'ils échap-
pèrent aux courans qui les mettaient
à l'atterrage, et se virent en peu

d'heures à la hauteur de Mahon. Là
on lui renouvela les mêmes prières,
les instances même furent plus vives,
en proportion du danger qu'elle avait
couru; elle n'en tint pas compte. Elle
paya aux gens de l'équipage la moitié
de ce qu'elle leur avait promis, et
resta deux fois vingt-quatre heures
dans l'île, dont la situation, comme
toutes celles de la Méditerranée, est
charmante.

On avait besoin de quelque repos,
après un aussi pénible travail. D'ailleurs, elle connaissait le capitaine-
général, qui était proche parent,
mais non héritier, du duc de Kingston.
Il reçut donc la veuve du Lord avec
de grands honneurs. Absent d'Angleterre depuis dix ans, il ignorait
entièrement la conduite de Lady avec

son malheureux époux ; et il croyait honorer la mémoire de son parent, en donnant à sa veuve des témoignages de respect. Aux honneurs se joignirent les plaisirs. Il lui donna un bal où elle dansa encore avec des grâces infinies. Elle voulut le lendemain marquer à la ville sa reconnaissance de la manière dont elle l'avait traitée ; elle fit chercher une maison qui n'était point habitée, et qu'elle fit décorer, dans la journée, avec le goût qui la caractérisait, pour y donner une fête.

On dansa jusqu'à une heure du matin. Un repas magnifique interrompit les jeux de Terpsichore ; et au dessert, Lady distribua, à tous ceux qu'elle y avait admis, des billets de loterie. Une orpheline, âgée de quatre

ans et belle comme l'amour, devait
devait tirer les numéros; on lui avait
mis les ailes de ce dieu, pour signifier,
qu'ainsi que cet enfant, la fortune
s'envole au moment où on y pense le
moins. Tous les billets portaient de
riches bagatelles que la Duchesse avait
apportées de Londres, et de celles que
l'on avait trouvées à Citadella (*).
Cette galanterie enchanta tous ceux
pour qui elle était faite; et, comme
Lady voulait que l'on se souvînt dans
l'île, de son passage, et qu'elle savait
que le peuple, moins distrait par les
plaisirs, conserve mieux la mémoire
de ceux qu'on lui procure, elle avait
fait élever un mât de Cocagne, d'où

_____

(*) Capitale de Minorque.

pendait une multitude d'objets capables de piquer l'émulation des habitans; et les vieillards, les femmes et les enfans ne pouvant y prétendre, elle fit faire pour eux une distribution en argent assez considérable pour qu'ils pussent s'en souvenir long-temps.

Elle partit accompagnée des bénédictions de toute l'île qui ne se lassait pas de la voir et de l'admirer. C'est au plaisir que lui firent éprouver les témoignages de l'amour et du respect que lui donnèrent les habitans de Minorque, qu'elle dut de s'être livrée sur la fin de sa vie aux charmes de la bienfaisance, qui remplaça en elle tant de plaisirs inutiles et souvent dangereux, tant de prodigalités encore plus scandaleuses, par les objets à qui elles étaient

étaient prodiguées, que par sa ruine, qu'elles auraient tôt ou tard entraînée, si enfin l'esprit d'ordre et de justice ne fût venu habiter celle dont nous écrivons l'histoire.

Le Commandant général, pénétré d'admiration pour la veuve de son parent, ne put consentir qu'elle s'exposât au danger de la traversée jusqu'à Rome, sur un yacht, annonçant par sa magnificence qu'il portait un personnage important, et pouvant être par conséquent la proie de l'avidité des Moresques; et comme il vit que rien ne pourrait la déterminer à le quitter, il donna ordre à un capitaine d'un cutter armé en guerre de l'escorter jusqu'à Rome. Elizabeth s'y opposait; mais le Commandant ne voulut pas écouter ce qu'elle disait,

et le cutter ne la quitta qu'au moment où l'yacht entre dans le Tibre.

Le peuple romain, dit un auteur
contemporain, fut aussi étonné en
voyant cet yacht, que leurs ancêtres
le furent, lorsque les vaisseaux car-
thaginois vinrent échouer sur leurs
côtes. Pour moi, qui ne crois pas que
cet yacht pût inspirer tant d'admiration, j'aime mieux dire qu'ils éprou-
vèrent celle que causa Hélène aux
Egyptiens, lorsqu'ils la virent sur l'a-
vant du vaisseau, fendant les eaux du
Nil, non moins belle que cette épouse
infidèle ; et que si on eût encore rendu
des honneurs à la déesse d'Amathonte,
ainsi que les Egyptiens en offrirent à
la femme de Ménélas, la prenant pour
elle, les Romains se fussent aussi em-
pressés à brûler de l'encens aux pieds

de la Duchesse, comme à la mère
des amours. Mais pour quitter le style
figuré, il est certain que milady de
Kingston, dans un pays où presque
toutes les femmes sont belles, parut
encore si supérieure à elles, que l'on
se pressait dans les rues pour la voir.
Le Pape Clément XIV (*), instruit
qu'une dame anglaise d'une haute
distinction était arrivée à Rome, lui
fit rendre toutes sortes d'honneurs.
Les cardinaux s'empressèrent de la
recevoir, et Lady ne savait ce qu'elle
devait plus admirer, des monumens
fameux de Rome ou de la politesse
de ses habitans. Elle se trouva si bien
dans cette ancienne reine du monde,

____

(*) Ganganelli, si célèbre par sa douce
urbanité et sa fin malheureuse.

qu'elle y fit meubler un palais avec
une grande magnificence. Le peuple romain, naturellement caressant
pour pour les étrangers, la combla
d'égards et de respects, et n'oublia
rien pour l'engager à se fixer en
Italie.

Avec une trempe d'esprit telle qu'é-
tait celle de la Duchesse, qui n'avait
jamais conçu que l'on pût s'instruire
en lisant, tout ce qui servait d'aliment
à la curiosité, que les yeux peuvent
satisfaire, était pour elle une jouissance
extrême. Elle se plaisait à admirer ces
restes de la grandeur romaine; elle
eût voulu être au temps de Portia :
elle se fût peut-être tuée comme
Lucrèce. Tout ce qui était grand et
extraordinaire lui plaisait, et elle
ne pouvait pas voir le Capitole et

la roche Tarpeïenne, sans un sentiment d'admiration pour les mânes de
ceux qui avaient tant de fois signalés
leur courage dans l'enceinte de cette
ville, dont la renommée survit à elle-
même.

Là elle ne trouvait point de magistrat
qui, suivant la fantaisie d'un peuple
immence, venait la haranguer pour
la forcer de rentrer chez elle, au moment où elle voulait en sortir: Là, on
la laissait parfaitement libre de ses
actions. D'ailleurs l'honneur que Clément XIV lui faisait de la voir *incognito*, honneur dont jouissait fort
peu de femme, l'attachait de plus en
plus à l'Italie. On croit bien que l'intention de Sa Sainteté, en se trouvant
effectivement assez souvent avec Elizabeth, était de la ramener au giron

de l'Eglise; et il eût été possible qu'il eût eu cette satisfaction, si des évènemens aussi imprévus, que fâcheux pour la Duchesse, ne l'eussent obligée à de nouveaux voyages, et ne l'eussent détournée de l'attention que l'on assure qu'elle prenait d'abord aux discours pleins de charmes du Père des fidèles, dont la piété et la vertu étaient la prédication la plus efficace. La mort de cet illustre Pontife arriva peu de temps après, et laissa imparfait l'ouvrage du salut de la Duchesse, qui d'ailleurs était peu susceptible de s'occuper sérieusement d'une discussion théologique. Un objet plus conforme à son goût l'occupa presque aussitôt son arrivée à Rome, et ne contribua pas peu à l'y fixer pour quelque temps.

On sait que Lady n'avait jamais
rien aimé faiblement, et qu'autant elle
était inconstante, autant elle était passionnée. Depuis la mort du Duc, et
long-temps même avant, le cœur de
la belle Duchesse languissait dans une
stupide indifférence ; rien ne lui rap-
pelait ces vives émotions, ce charme
de l'existence : et si son miroir l'assurait que pour elle le temps n'avait
point d'ailes, il ne lui en paraissait
pas moins certain, d'après sa profonde
apathie, que son cœur avait vieilli
plus que ses charmes, et elle ne se
croyait plus susceptible d'aimer, quand
un mortel charmant vint lui donner de nouveau des fers, et ramener
pour Lady les beaux jours de sa
jeunessse.

Le prince Sancta Vilmente l'avait

invitée à un bal masqué, où la Duchesse parut sans masque. Il y avait
environ une heure qu'elle était au
bal, lorsqu'elle vit entrer un pélerin
dont l'air et la taille la charmèrent. Le
pieux personnage, ou faisant semblant
de l'être, ne fut pas moins enchanté
de la belle Duchesse, mais il ne voulut
pas risquer un aveu, sans être bien
sûr de réussir; de sorte qu'au moment
où mistriss de Kinston allait chercher
à lier une conversation avec l'Etranger,
il disparut, laissant à la Duchesse une
impression délicieuse, qui fit naître
en elle le désir le plus impétueux de
revoir celui qui ne s'était dérobé à
ses regards que pour s'en faire chérir
davantage.

Lorsque le beau p leri n disparut,
madame la duchesse de Kingston ne

vit

vit plus rien qui l'intéressât dans le bal. Elle regretta vivement de n'avoir pas prévu que l'inconnu en sortirait pour le faire suivre, et savoir ainsi qui il était. Mais c'était trop tard. Elle fut près d'une heure à le chercher dans le bal. Enfin, bien assurée qu'il n'était plus dans la galerie, elle feignit un mal de tête violent, prit congé du Prince, et se retira. Jamais ses femmes ne la virent de si mauvaise humeur. Elle crurent qu'elle avait perdu beaucoup d'argent au jeu, et Jenni, qui était plus familière avec elle, le lui demanda. — Ah! plût au ciel! ce n'est pas de l'argent que j'ai perdu. Elle crut alors que c'était un diamant de prix; mais comme c'était elle qui en était chargée, elle vit, en les replaçant dans les écrins, qu'il n'en manquait aucun. Elle ne poussa pas plus loin ses informations : elle savait que Lady était sujette aux caprices ; elle regarda donc cette humeur comme l'effet d'une nouvelle fantaisie que Lady n'avait pu satisfaire, et elle attendit que le temps la lui découvrît ; car jamais madame de Kingston ne mettait les femmes qui la servaient dans sa confidence, sans une nécessité absolue.

La Duchesse leur donna à peine le temps de la déshabiller, et elle se renferma dans ses rideaux. Là elle interrogea son cœur : quelle fut sa joie et sa douleur de voir qu'elle était encore susceptible d'aimer ; mais quel malheur que le charmant objet auquel elle devait ce retour à la vie du sentiment, l'eût aussitôt privée de sa vue. Quelle raison a-t-il pu avoir? N'a-t-il pas dû lire dans mes yeux l'impression qu'il m'a fait éprouver; car elle a été si subite que je n'ai pas eu le courage de la lui dissimuler? Qui a donc pu le forcer à me fuir? A-t-il craint de s'attacher à moi, ou ne m'a-t-il pas cru digne de l'intéresser? Ah! dieu, s'il était parti! si je ne devais plus le revoir! Mais n'ai-je pas à redouter de rencontrer une rivale préférée! Eh! comment cela pourrait-il être autrement; tous les cœurs ont dû voler au-devant de ses charmes. Ai-je pu m'en défendre! Elle passa toute la nuit dans cette agitation, et quelle fut sa joie, à son réveil, en recevant ce billet :

13*

Billet de l'Inconnu à la duchesse de Kingston.

Ce lundi 13.

Quel objet ravissant a frappé mes regards!

Non, ce ne peut-être une mortelle! Quelle dignité, quelle noblesse! c'est le port de Pallas avec le doux sourire de Vénus ; de ses yeux partent des traits de flammes ; sur ses lèvres errent les doux plaisirs. Son teint efface la blancheur des lys ; et il faut dire, avec Pétrarque, que ses blonds cheveux sont les retz d'or qui enchaînent ceux qui l'approchent. Ah! fuyons des charmes trop séducteurs ; il faudrait mourir si elle ne répondait pas aux vœux qu'elle contraint à lui offrir. Est-ce donc à un malheureux, jouet d'une fortune barbare, à mêler au cyprès du malheur le mirthe des amours.

Voilà, Madame la Duchesse, les raisons qui m'ont forcé à m'arracher d'auprès de vous. Plaignez-moi, et daignez recevoir l'hommage du profond respect, avec lequel je suis,

Votre très-humble et très-
obéissant serviteur,

Le Pélerin du bal.

Qui a apporté ce billet, dit la Duchesse?— Un page superbement vêtu. — Où est-il? attend-il une réponse? — Il est parti aussitôt. — Dites à mon coureur de le suivre, de l'atteindre. Courez, volez. Jenni s'empresse de porter les ordres de sa maîtresse, qui se désole de voir échapper une occasion qui ne se représentera peut-être jamais. Elle pleure comme un enfant qui vient de perdre l'objet chéri de sa fantaisie. Elle fait défendre sa porte, ne veut pas qu'on ouvre les volets dans sa chambre, qui n'est éclairée que par sa bougie de veille. Mais elle lui suffit pour lire et relire ce billet enchanteur dont elle savoure la louange ; elle y fait vingt réponses qu'elle déchire l'une après l'autre, pour en recommencer une nouvelle. Enfin elle garde celle-ci, qu'elle fait tenir prête à donner au page, s'il revenait.

Billet de la duchesse de Kingston à l'Inconnu.

Ce mardi 13.

« Vous me feriez penser, aimable Inconnu, que vous êtes bien faible.

Quoi! vous craignez d'être vaincu sans combattre? Rassurez-vous, on n'a nul dessein sur vous; mais on vous trouve aimable. On veut vous voir, savoir qui vous êtes : il est un âge où l'amitié devient un besoin, l'amour un ridicule. Venez donc, et ne redoutez pas ce dieu que j'ai fait serment de bannir de chez moi. Si vous êtes infortuné, il me sera doux d'essuyer vos larmes, plus doux encore de les tarir. Ce billet est écrit sans savoir s'il vous parviendra; mais s'il vous est remis, puisse-t-il vous donner le désir de revoir celle qui conserve de vous un gracieux souvenir, et voudrait pouvoir se dire votre amie,

LA DUCHESSE DE KINGSTON ».

Le lendemain, le même page vint

s'informer des nouvelles de madame de Kingston. On voulut le faire entrer, il ne fut pas possible ; il eût fallu employer la violence. La Duchesse le défendit, malgré le désir qu'elle avait de l'interroger, et lui fit remettre son billet. Le page revint le jour d'ensuite, à la même heure, avec un autre billet ; et pressé de nouveau de le remettre lui-même, il y consentit de bonne grâce. La Duchesse prit le billet, rompit le cachet. Le billet portait en substance, que l'amour ne pouvait s'éloigner de celle qui étendait chaque jour son empire ; qu'ainsi il ne pouvait se fier à lui, et que la fuite lui paraissait toujours le seul moyen de se garantir ; et toujours accompagné des louanges les plus exagérées, et dans un style figuré qu'il savait bien devoir plaire à Lady, dont, sans qu'elle s'en doutât, il avait su les aventures, avait acquis une connaissance exacte de son caractère, et était bien sûr que le mystère et la flatterie la rendraient amoureuse folle de lui. Aussi était-il bien décidé à ne se faire connaître que lorsqu'il serait sûr d'avoir tout pouvoir sur elle. Il avait donné ordre à son page d'entrer, et lui avait dicté ses réponses.

La première question de la Duchesse fut de savoir le nom du Pélerin. — Monseigneur ne me l'a jamais dit. — Mais sous quel nom lui arrive ses lettres ? — Monseigneur n'en reçoit point directement. — Qui les lui apporte ? — Un jeune ecclésiastique. — Et où demeure-t-il ? — Je l'ignore. — Mais toi, tu sais quelques particularités de cet inconnu. — O! oui, Madame, j'en sais beaucoup. — Dites-les moi, mon petit ami, et elle le fait asseoir auprès de son lit. Le jeune enfant, prenant un air sérieux : « Je sais, à n'en pouvoir douter, que mon maître est un grand seigneur; j'ai entendu bien des fois ceux qui viennent chez lui l'appeler prince; il est puissamment riche; mais il a des raisons apparemment pour ne pas se faire connaître, ou par modestie; car il n'a pas un train de maison considérable. Sa table est frugale; il ne joue jamais, et sa principale dépense consiste à secourir les infortunés : du reste c'est le caractère le plus aimable, il est gai, poli, affable : ceux qui le connaissent ne désirent autre chose que de le voir sans cesse. C'est ce qui le force à changer de ville , et même de pays , parce qu'il aime la solitude et le repos. Enfin, c'est l'homme le plus généreux et le plus fidèle à ses engagemens ».

Voilà un portrait bien intéressant, reprit la Duchesse , qui n'avait pas voulu interrompre ce que lui disait le page, et qui ne peut être que vrai, puisqu'il sort de la bouche d'un enfant; et prenant une bourse qui était sur un guéridon, près de son lit, elle la présenta à l'enfant, qui fit beaucoup de difficultés de la prendre , et qui, dans le fait, était enchanté de l'avoir. Car malgré tout ce qu'il avait raconté de son sublime maître, il était réduit aux restes de sa table, qui, comme il l'avait dit, était frugale, mais à un tel point, que les restes n'étaient souvent qu'un peu de pain et d'eau. Quant à ses gages, ils étaient tout en espérance. La Duchesse ne sut rien de tout cela, que long-temps après. Le page prit congé de la dame des pensées de son maître, et lui reporta encore une réponse qui fut suivie d'une replique, tout aussi passionnée, tout aussi bien payée que la prémière. Le page était au comble de la joie, et se gardait bien de parler à son maître de l'argent que Lady lui donnait, car il eût craint que la prévoyance du Pélerin ne l'eût engagé à le lui prendre, pour son plus grand avantage.

La correspondance se soutint ainsi pendant six mois, avec une vivacité extrême. De jour en jour le beau Pélerin donnait à Lady l'espérance de le voir, et, toujours d'une semaine à l'autre, il y avait un prétexte pour retarder l'entrevue. C'était un voyage imprévu, c'était une prétendue maladie; d'autres fois c'était une légère querelle qu'il avait l'adresse de faire naître, et qui suffisait pour qu'il pût dire qu'il n'était pas aimé; et par conséquent, il ne voulait pas s'exposer, en revoyant la Duchesse, à augmenter encore son amour, puisque, disait-il, il ne pouvait qu'être malheureux.

La Duchesse savait où il demeurait, et vingt fois elle avait été tentée de l'aller surprendre; mais elle ne pouvait se permettre d'y aller sans se compromettre infiniment; le mystère qui environnait l'inconnu lui faisait une loi de l'attendre. Si ce n'est qu'un aventurier, que dira-t-on d'elle, lorsque l'on saura qu'elle a porté la passion au point de faire une pareille démarche; s'il est réellement un prince puissant et riche, ne pouvait-elle, en renonçant à l'usufruit de la fortune du duc de Kingston, épouser le beau Pélerin. Mais pour cela ne fallait-il pas mettre une grande retenue dans sa conduite, afin de détruire les bruits qui pouvaient venir à la connaissance de son Altesse, et empêcher qu'il ne lui fît l'honneur de lui demander sa main. Elle se contreignit donc, et attendit, non sans une peine extrême, qu'il plût à l'aimable inconnu de se faire connaître.

Ce moment tant désiré arriva; le charmant Pélerin demandait enfin, comme une grâce, ce qu'il avait refusé tant de fois. Il indiquait l'heure où il se rendrait aux ordres de la souveraine de ses volontés.

Elizabeth, au comble du bonheur, répond qu'elle attendra avec le plus sensible plaisir. L'heure fortunée approche, elle se rend dans un boudoir, où un demi-jour ne laisse apercevoir que des traits charmans, et voile les légères traces que l'aile du temps avait imprimées sur son front, où se peignait l'espérance. Ah! que m'importait, disait-elle, une grande fortune, quand je ne puis en disposer; des revenus immenses, quand ils ne peuvent être employés au bonheur de ce que j'aime; un nom, un rang, qui ne sont plus rien dès qu'ils ne sont pas un don de l'amour! Je ne dois nulle reconnaissance au duc de Kingston, puisque ses dons sont aux dépens de ma li-

berté, qui vaut mille fois mieux que
tout ce que je tiens de lui. Que ses
avides parens reprennent ses richesses,
en aurai-je besoin avec mon généreux
inconnu ? Je ne lui serai pas à charge;
le bien de mon père, les économies
que l'on a faites sur mes revenus, tout
m'assure que mon beau Pélerin se
trouvera heureux d'être à moi, sans
que l'appât des richesses corrompe la
délicatesse de ses sentimens. Et ne
m'en a-t-il pas donné la preuve, en
se dérobant si long-temps à mes em-
pressemens, lorsque tout devait lui
faire croire que j'étais maîtresse de
ma fortune. O! il n'y a aucun doute
que c'est moi seule qu'il aime..... Mais
il ne vient pas; m'aurait-il flattée d'un
fol espoir, non, il en est incapable.
J'entends venir! O! c'est lui; mon
cœur

cœur se détache de moi pour voler
au-devant de lui ; et en effet on ouvrit. Mais quels furent l'étonnement,
le chagrin que ressentit la Duchesse,
lorsque le Pélerin lui apparut sous
l'habit ecclésiastique. O ! ciel, c'est
vous, dit-elle ; et que signifie ce tra-
vestissement ? sommes-nous encore
au bal, ou serait-il la preuve d'une
triste vérité ? Répondez, je connais la
sévérité des lois de votre religion. Et
comment avez-vous trompé mon
faible cœur ? Ne devais-je vous
revoir que pour renoncer à vous,
et n'apprendrai-je votre nom que
pour savoir que je ne le porterai
jamais ?

L'inconnu, les yeux baissés, gardait le silence. — Quoi ! vous ne répondez point ! Quel est votre projet ?

Pourquoi vous rendre ici? Que vous sert-il de venir enfoncer dans mon cœur le trait qui le déchire, puisque jamais..... (*) — Comment ce mot peut-il sortir d'une si belle bouche? en puis-je seulement soutenir la pensée. *Jamais !* ah! que ce mot ne soit pas prononcé par celle que j'adore. — Comment concilier votre amour avec vos devoirs?—Nul serment ne me lie. — Ah! je respire. Pourquoi donc cet habit? — Parce qu'il m'avait été

(*) Les différentes lettres que la Duchesse avait reçues de l'inconnu et qu'elle lui avait écrites, contenaient des déclarations si tendres, que le lecteur ne doit pas être surpris que la Duchesse s'explique d'une manière aussi claire à la seconde entrevue.

promis de forts gros bénéfices aux-
quels je renonce; mais il est nécessaire
que je conserve l'habit encore quelque
temps. Il laisse croire à mes ennemis
que j'ai renoncé aux grandeurs tem-
porelles. Cela a été une des raisons
qui me déterminèrent à me faire ton-
surer. Il y avait peu de jours que je
m'étais soumis à cette cérémonie,
lorsque je vous vis à l'église de Saint-
Jean de Latran; alors je changeai de
résolution. Je sentis que j'avais besoin
de paraître avec l'éclat dont mon auguste famille a été revêtue jusqu'à
nos jours, pour avoir l'honneur de
vous être présenté. Cependant, je
voulais vous revoir. J'appris que le
prince de Santa Vilamente donnait
un bal, que vous y seriez. Je ré-
solus d'y aller, quoique le Prince fût

mon plus mortel ennemi, et compéti-
teur le plus empressé à s'emparer de
mes dépouilles. Je ne calculai rien :
vous voir était mon premier bien ;
mais comment allier un habit de bal
à celui que des circonstances impé-
rieuses me forçaient de prendre. Je
pensai alors qu'il ne pouvait y en avoir
qu'un seul qui s'allierait avec la sévérité de mon nouvel état, ce fut celui
de pélerin : je le pris. Je vous revis
pour mon malheur ; car, si votre
beauté, vue de plus près, alluma de
nouveaux feux dans mon ame, la
grâce répandue dans vos moindres
discours, la force et l'énergie de votre
esprit me subjuguèrent pour la vie.
Alors, oubliant tous projets ambi-
tieux, vengeance, soin de ma propre
gloire, tout disparut à mes yeux, et

il ne me resta de force que pour fuir
un ennemi aussi dangereux, et point
assez ni pour m'éloigner, ni même
pour me taire. J'eus l'imprudence de
vous écrire. Je ne sais ; je me flattais
de trouver dans vos réponses des
moyens de me guérir : elles ne ser-
virent qu'à river mes fers, par la pu-
reté, l'élégance de votre style, dans
une langue qui n'était ni la vôtre ni
la mienne, mais que je possède assez
pour sentir à quel point de supério-
rité, au-dessus de moi, vous en avez
porté l'étude. J'aurais encore moins
lutté avec vous en anglais, et vous
devez vous souvenir que ce fut en
italien que je continuai à vous écrire.
Je connus alors, Madame, toute la
vivacité de votre imagination, tout le
feu de cette ame céleste ; il semblait

que vous donniez à la langue, jusqu'ici consacrée à l'amour, de nouvelles expressions, plus tendres, plus délicates encore. Comment aurais-je pu résister à ce prestige? Vous daignez me demander de me faire connaître : je ne le voulais que lorsque j'aurais pu vous donner des preuves authentiques de mon existence, et mettre à vos pieds les états où ma naissance m'appelait, et qui n'auraient plus d'autre prix pour moi que celui d'avoir le bonheur de vous les offrir. Mais, je vous le répète, vous avez voulu impérieusement me connaître: je viens donc, seul, dénué de toute grandeur, et n'ayant d'autre dignité que celle d'avoir été distingué par la plus belle femme du monde. L'inconnu s'arrêta enfin, car Elizabeth ne pensait pas à l'interrompre : tout ce qu'il disait la flattait trop, pour vouloir abréger un discours qui la charmait ; elle y répondit avec l'abandon de l'amour. Il n'entra pas seulement dans sa pensée de révoquer en doute un seul mot de ce que disait l'inconnu : elle n'insista que pour apprendre son nom. Il lui dit enfin, on me nomme Warta ; mes ancêtres étaient princes d'Albanie. Les malheurs et la mort tragique de mon père, forcèrent ma mère à fuir sa patrie. Elle me fit changer de nom, me confia aux meilleurs maîtres de Padoue, où je suis resté jusqu'à l'âge de quinze ans. Ce fut à cette époque que le ciel, qui voulait mon malheur, me priva de ma mère. Cette princesse infortunée termina ses longues douleurs en me recommandant au maître des destinées, comme le seul protecteur des souverains. Ce fut à ses derniers momens, à ces momens où tout est vérité, parce qu'on n'a plus d'intérêt à tromper, que mon auguste mère m'apprit mon triste et illustre sort. Alors je jurai sur ses mânes défaillantes de venger mon père et de reporter ses froides dépouilles dans le tombeau de nos ancêtres ; elle reçut mes sermens, me bénit et expira. Pressé de remplir mes engagemens envers les mânes de ma mère, je parcourus, sous divers déguisemens, les différentes Cours de l'Europe, accompagné du premier ministre de mon père, qui me servait de truchement et dirigeait mes démarches. Il me lia avec les personnes de mon

rang,

rang, c'est-à-dire, de la première distinction de Berlin. Le prince R★★★
m'avait accordé une intimité parti-
culière. A Rome, la plupart des cardinaux me témoignèrent une distinction conforme à mon rang, à ma
naissance. Leurs majestés Napolitai-
nes m'estimaient singulièrement; et
ce dont je pouvais sur-tout me flatter, c'était l'intérêt vif et pressant que
l'Empereur prenait à moi, et l'amitié
qu'il me témoignait. La Duchesse ne
balança pas à assurer le cher Prince
qu'il pouvait disposer de tout ce
qu'elle possédait, pour l'aider à rentrer dans ses états. Elle voyait un
bien plus grand honneur à être princesse d'Albanie que duchesse de
Kingston, et elle prit aussitôt la résolution de s'unir avec Warta. Celui-ci,

pénétré de reconnaissance, assurait Lady qu'ils s'estimait le plus heureux des hommes, en lui étant uni; mais cependant il n'était pas sans inquiétude sur la manière dont il pouvait se procurer les titres nécessaires pour son mariage avec Lady. D'ailleurs, dans différentes conversations qu'il eut avec elle, il apprit qu'elle n'avait que l'usufruit de sa fortune, qu'elle perdait même en se mariant. Cela diminua considérablement le désir qu'il avait d'épouser cette riche douairière, dont il avait déjà reçu des présens d'un grand prix. Mais enfin, lorsqu'il vit que l'on parlait sérieusement d'hymen, il crut ne pas devoir porter les choses plus loin, et dit qu'il fallait qu'il allât dans ses états, pour y rassembler quelques amis qui

feraient une diversion heureuse, afin
qu'il pût au moins faire prendre à
Lady, aussitôt son mariage, le titre
de princesse d'Albanie. La Duchesse
voulait s'y opposer; mais elle fut
contrainte de céder aux raisons sans
nombre que le Prince lui donna. Alors
elle lui offrit une boîte avec son portrait enrichi, et une bague d'un grand
prix. Warta les accepta, mais en
prince qui honore celle dont il reçoit. Il partit peu de jours après,
et ne revit plus Elizabeth.

La Duchesse en conçut une profonde douleur qui fut de peu de du-
rée comme tous ses sentimens; celui-ci
dut céder par la suite à la honte d'a-
voir été indignement trompée par ce
fourbe. Je vais rapporter les princi-
15 *

pales circonstances de la vie de cet homme extraordinaire.

« Stéphano Zannowich naquit le 18 février 1752, d'Antoine Zannowich, dans le bourg de Pastrovichio, dans l'Albanie vénitienne. Son père vint à Venise en 1760, avec ses deux fils Primislas et Stéphano, et vendait des pantouffles et des bombons pour les enfans. Avec ce commerce, il gagna quelque argent, il changea de nom, s'habilla richement, s'introduisit dans les maisons de jeu, où par son adresse aux jeux de hasard, il gagna de si grosses sommes, que le gouvernement de Venise trouva bon de mettre des bornes à ses succès en le bannissant des terres de la république. Il se retira en Alba-

nie et il y acheta le bourg où il était né.
Il envoya ses fils étudier à l'université
de Padoue, où Stéphano acquit des
connaissances assez étendues en litté-
rature. Ils allèrent à Venise, où l'aîné
exerça les mêmes talens que son père,
et fut chassé comme lui. Les deux
frères vinrent à Florence ; Primislas
gagna à un jeune seigneur anglais,
quatre-vingt dix mille livres sterlings.
Le Grand-Duc de Toscane n'eut pas
plus d'indulgence pour les Zannowich
que le sénat de Venise, et il les bannit
de même. Ils voyagèrent en France, en
Angleterre et en Hollande. Ils retournèrent en Italie en 1773, où il paraît
que Stéphano se sépara de son frère
pour jouer le rôle de Pierre III, dans
le Montenegro. Ses artifices ne le sou-
tinrent que peu de temps. Il passa en

Pologne sous le nom de *Warta*. Il s'acquit quelque réputation parmi les confédérés ; s'insinua près des grands dont il tira des secours très-considérables. En 1776, il parut en Allemagne sous divers noms, tels que *Bellini* Balbindon, Czernovich, comte Castriotto d'Albanie. Il fit quelque séjour à la Cour de Berlin, où il fut introduit par le moyen de fortes recommandations de seigneurs Polonais. La prodigalité sans bornes de Stéphano Zannowich lui ayant fait dépenser des sommes importantes qu'il avait tirées de Pologne, avec la même célérité qu'il était parvenu à se les approprier, il se trouvait dans le besoin ; et ayant bientôt contracté des dettes à Berlin, il inspira de tels soupçons contre lui, qu'il reçut l'ordre de quitter le royaume. Ce fut pendant son séjour à Berlin qu'il présenta à S. A. R. Monseigneur le prince héréditaire quelques pièces de vers de sa façon, et qu'il en prit occasion depuis de pousser l'impudence jusqu'au point de déclarer qu'il était lié d'amitié avec ce grand prince. Il fit alors des courses de spéculations en différens pays, et vint en 1783 à Amsterdam, sous le nom de père Zaratabladas. Il avait déjà été à Groningue en 1780, où, se trouvant sans secours, il fut emprisonné pour dettes. Le magistrat chargé de la revue des prisons, l'y trouva dans un état déplorable, et eut la générosité de payer ses dettes, dans la persuasion qu'il obligeait un homme d'honneur, le soi-disant Zaratabladas ayant produit des lettres de plusieurs seigneurs

polonais qui répondirent favorable-
ment aux informations que le magistrat eut soin de prendre. L'année sui-
vante, Zaratabladas eut l'attention de
faire rembourser le magistrat généreux qui l'avait tiré de peine ; et pour
se faire un mérite auprès de son bienfaiteur, il sut si bien se retourner que
l'on ajouta foi à l'impudence qu'il eut
de se vanter que c'était à la sollicita-
tion auprès de monseigneur le prince
d'Orange que son bienfaiteur avait été
avancé au poste important de séna-
teur.

FIN DU TROISIÈME VOLUME.

DE L'IMPRIMERIE DE LEFEBVRE,
RUE DE LILLE, N°. 11.